O MAL-ESTAR NA CIVILIZAÇÃO DIGITAL

CONSELHO EDITORIAL
André Luiz V. da Costa e Silva
Cecilia Consolo
Dijon de Moraes
Jarbas Vargas Nascimento
Luis Barbosa Cortez
Marco Aurélio Cremasco
Rogerio Lerner

Blucher

O MAL-ESTAR NA CIVILIZAÇÃO DIGITAL

Pedro Colli Badino de Souza Leite

O mal-estar na civilização digital
© 2022 Pedro Colli Badino de Souza Leite
Editora Edgard Blücher Ltda.

Publisher Edgard Blücher
Editor Eduardo Blücher
Coordenação editorial Jonatas Eliakim
Produção editorial Kedma Marques
Preparação de texto Samira Panini
Diagramação Erick Genaro
Revisão de texto Bruna Marques
Capa Leandro Cunha
Imagem da capa Unsplash

Blucher

Rua Pedroso Alvarenga, 1245, 4º andar
04531-934 – São Paulo – SP – Brasil
Tel.: 55 11 3078-5366
contato@blucher.com.br
www.blucher.com.br

Segundo o Novo Acordo Ortográfico, conforme
5. ed. do *Vocabulário Ortográfico da Língua
Portuguesa*, Academia Brasileira de Letras, março
de 2009.

É proibida a reprodução total ou parcial por
quaisquer meios sem autorização escrita da
editora.

Todos os direitos reservados pela Editora Edgard
Blucher Ltda.

Dados Internacionais de Catalogação
na Publicação (CIP)
Angélica Ilacqua CRB-8/7057

Souza Leite, Pedro Colli Badino de.

O mal-estar na civilização digital / Pedro Colli
Badino de Souza Leite. - São Paulo : Blucher, 2022.

202 p.

Bibliografia
ISBN 978-65-5506-463-6 (impresso)
ISBN 978-65-5506-464-3 (eletrônico)

1. Psicanálise 2. Sociedade da informação
3. Mídia digital I. Título

22-3422   CDD 150.195

Índices para catálogo sistemático:
1. Psicanalise

Dedicatória

Para meus pais e mestres, que me ensinaram o amor pelos livros e pela liberdade de pensamento.

Prefácio

"*- I'm not in the business. I am the business.*"

Rachel, *Blade Runner*

O mal-estar na civilização digital, de Pedro Leite, é um livro necessário à comunidade psicanalítica. Em primeiro lugar, por abordar um tema da contemporaneidade e relacioná-lo com a experiência singular da clínica. Agamben, filósofo retomado por nosso autor, definiu o contemporâneo como aquilo que não podemos compreender. Nos cinco capítulos que compõem o livro, Pedro aborda o impacto sobre o psiquismo das novas tecnologias do mundo digital, que transformaram o mundo que conhecíamos até vinte e poucos anos atrás, penetrando silenciosamente em nossa cultura e alterando as incidências da linguagem nas formas de nos relacionarmos com nosso corpo, com nossos outros, com nossos desejos e ideais. Não são transformações de pouca monta as que estão ocorrendo sob a civilização digital, e isso dá ideia da coragem necessária para começarmos a enfrentar esse desafio do ponto de vista psicanalítico.

Com efeito, cabe lembrar que nossa economia pulsional e as formas como sofremos não são apenas soluções singulares do inconsciente de cada um, mas seguem caminhos previamente traçados pelas contradições estruturantes de cada cultura. Freud o assume já em 1908, em *A moral sexual civilizada e a neurose moderna*, ao demonstrar que os valores de uma cultura não podem ser dissociados de sua geografia psicopatológica. No caso, Freud articula a moral sexual da sociedade vienense do início do século XX à produção das neuroses. Altere-se a cultura, e suas formas prevalentes de sofrimento seguirão novas vias. Foi esta a aposta de Freud, ao propor nesse texto uma verdadeira *terapêutica da cultura*, a saber, que os assuntos sexuais fossem tratados com franqueza pelas escolas e pelas famílias para ambos os gêneros, homens e mulheres. Bandeiras do conservadorismo para as massas do governo atual de nosso país, que apresenta a educação sexual nas escolas e o reconhecimento de um desejo feminino para além da maternidade como formas de degenerescência moral, foram, há mais de cem anos, apontadas por Freud como simples hipocrisia. Forma de dizer que a psicanálise está profundamente implicada na política praticamente desde seu início, mas que o faz a partir de um ponto de vista específico: aquele do sofrimento psíquico.

Isto permite que eu passe ao segundo motivo pelo qual este livro me parece necessário à comunidade psicanalítica, a saber, o fato de pensar as formas políticas atuais e o papel da psicanálise diante delas. A fim de apresentar esta necessária iniciativa para a reflexão psicanalítica, gostaria de retomar algumas reflexões sobre a dominação no campo geral do capitalismo de vigilância. Pois uma diferença essencial marca o tempo da crítica freudiana à moral sexual vienense e o nosso: a saber, o fato que os processos de dominação passaram da instrumentalização para a produção de culturas.

Cabe fazer aqui, ainda que brevemente, uma contextualização da psicanálise em relação à problemática do poder e dominação em geral para que se entenda o lugar no qual, creio eu, se localiza o livro de Pedro Leite nessa discussão. Na análise do poder sobre o sujeito, a psicanálise até agora se concentrou na problemática inaugurada por La Boétie conhecida pelo enigma da servidão voluntária em 1548. Freud aborda essa questão pela chave da submissão aos líderes, sendo estes invariavelmente representações substitutivas da instância paterna. Do ponto de vista econômico, esta abordagem se dá, tanto pela lógica do erotismo e dos ideais (como abordado em Totem e Tabu de 1913, e Psicologia das massas e análise do eu de 1920), quanto pela lógica da segunda teoria das pulsões e a função de equilibração do masoquismo (O Problema Econômico do Masoquismo de 1924 e O Mal-estar na civilização de 1931). Trata-se de um dispositivo teórico extremamente útil para compreendermos o fascínio das massas em relação a líderes calculadamente estúpidos, como diz Ian Parker, e, portanto, ainda de extrema atualidade no mundo, e, ainda mais particularmente, no Brasil. Em Lacan temos um avanço importante na interpretação psicanalítica da servidão voluntária, com os *matemas* do discurso do capitalista, no qual o objeto A, expropriado em forma de mais valia do trabalhador, é apresentado como isca do mais-de-gozar na lógica do consumo. Trata-se de uma abordagem que representa um avanço na análise do poder para além da análise freudiana na medida em que aborda a submissão voluntária no registro pulsional, e não mais representacional. Tal avanço é apropriado para o desvelamento da dominação em um novo campo causal, puramente formal, e inscrito nos laços sociais, nos discursos, para além das instâncias ideais, como era o caso de Freud. Com esta teoria de Lacan, estamos em discussão direta com o campo do que Foucault descreveu como os modos de subjetivação, isto é, os modos pelos quais os humanos se entendem como sujeitos de uma certa sociedade, isto a partir do que os discursos desta sociedade dizem o que é a verdade, o que é o correto e o errado, e o que cada um deve fazer para cuidar de si neste lugar.

Lacan, como Foucault, incluiu a constituição do sujeito no problema do poder: os sujeitos se formam em culturas pré-existentes, e, portanto, fazem parte dos próprios mecanismos de alienação que os submetem em tais culturas, mas não de forma absoluta. Essa não integralidade da alienação é garantida por elementos diferentes em Lacan e em Foucault, mas tais exceções à alienação total permitem que estejamos ainda na série de respostas possíveis a uma mesma pergunta: o que faz com que os sujeitos se submetam de moto próprio ao que lhes tira a autonomia. Se em Freud tínhamos o mecanismo metafórico de um substituto ao pai da infância, onipotente e poderoso, em Lacan temos a busca do preenchimento da falta constitutiva da entrada do sujeito na linguagem — falta responsável pela conhecida asserção lacaniana — Não há relação sexual — a partir de uma série de elementos de suplência, que, cada um, a seu modo, apostam na obturação da falta constitutiva. Em outras palavras, se a palavra se substitui à coisa, esta coisa para sempre perdida para os falantes pode ser entrevista na lógica metonimicamente infinita do desejo, como também nas outras formas de suplência, como o nome próprio, o amor, o ódio e a estupidez. A publicidade captura essa lógica do desejo e a traduz em sequências infinitas de mercadorias, gadjets, de must haves.

Talvez um dos melhores exemplos da inclusão do sujeito lógica do gozo no discurso capitalista seja dado pelo seu circuito na relação trabalho/turismo. Considerando o capitalismo a partir de sua essência, isto é, que, pela objetivação e posterior monetarização do tempo do trabalhador, se tornou possível extrair uma parte de seu tempo, parcela de valor inestimável, a mais-valia, ou de gozo, nos termos lacanianos. Para este trabalhador privado de uma parte de seu gozo, o turismo oferece a recuperação dessa parcela perdida de si. Contudo, ao objetivar as experiências que ofereceriam essa parcela de volta, o turismo nada mais faz que dar continuidade ao processo de extração de tempo do trabalhador pela produção capitalista. De fato, considerado pela perspectiva da desapropriação do gozo, o turista não se distingue do trabalhador, tem as mesmas angústias, os mesmos prazeres fugazes, as mesmas vitórias e derrotas. Apenas a perspectiva de sua ilusão é diferente. Enquanto trabalha, sonha em recuperar esse gozo de tempo perdido no futuro. Nesse futuro, pensa ele, irá consumir no presente cada experiência de gozo objetivada como se estivesse fora da lógica da promessa de gozo futuro. Contudo, quando finalmente está em férias, ele de algum modo sabe que não está fora dessa lógica, pois deve trabalhar como consumidor e "entregar" sua produção para um outro. Essa é a razão pela qual não para de tirar fotos de cada uma dessas experiências: cada prato de comida, exótica ou não, cada marco histórico ou local pitoresco deve ser devidamente registrado para ser mostrado como "gozo usufruído": esta é sua produção como turista. Evidentemente, o sujeito está excluído do gozo nessa atividade incessante de "entrega de gozo". Nesse sentido, o gozo no tempo de trabalho e no de turismo são processos indistinguíveis no discurso capitalista.

Este ponto de vista permite iluminar algumas particularidades desses processos de dominação, que valem a pena serem examinadas de perto. Em primeiro lugar, os processos de desalienação não dependem mais dos insights, das ações, ou rupturas dos sujeitos em nível individual. Estamos aqui diante de um problema análogo ao enfrentado por Heidegger nos anos trinta, com a constatação de que a alienação do sujeito realizada pela Técnica (Gestell) não poderia ser interrompida ou suspensa com uma aposta na angústia diante da possibilidade do não mais estar aí, como indicado em seu grande livro de desconstrução da metafísica, *Ser e Tempo* (1927). Em outras palavras, diante da alienação resultante de processos de recodificação dos modos de vida em amplitude planetária, a verdade do sujeito é impotente. Nesse tipo de alienação, é algo na própria língua que falamos que está aquilo que nos exclui de uma experiência humana, como o conhecido verso de Paul Celan: "minha língua materna é a língua dos assassinos de minha mãe." Tal constatação tem seu reflexo na clínica psicanalítica, pois sinaliza uma impotência da antiga aposta psicanalítica que a cura resulta da revelação de uma verdade escondida.

Ora, um dos elementos do livro de Pedro Leite que considero extremamente importante é aquele que convida a pensar a respeito de uma outra particularidade do capitalismo atual, que implica os sujeitos em níveis, por assim dizer, extremamente primários do psiquismo. Pois o poder não se atém mais apenas às lógicas dos mecanismos psíquicos da servidão voluntária, mas avança para um campo que, preliminarmente, eu chamaria apropriação primária do Real, me inspirando aqui no conceito marxiano de usurpação primária, ou seja, a apropriação violenta de um espaço de terra, anterior à utilização instrumental desta como meio de produção. Estou me referindo aqui à análise de Pedro Leite da obra de Zuboff sobre a nova fase econômica por ela denominada "capitalismo de vigilância". Como escreve nosso autor de modo sucinto e contundente: "Nessa nova fábrica não somos mais apenas trabalhadores ou consumidores, mas, sobretudo, os fornecedores de matéria-prima — a reificação de nossos elementos conscientes e inconscientes na forma de dados digitais." Isso mostra que as formas de dominação do capitalismo de vigilância podem ser divididas em duas etapas: a primeira, que é da extração de dados, e a segunda, que é aquela da utilização destes dados para condução das ações futuras dos sujeitos. Esta divisão do problema permite um direcionamento para uma questão a respeito dos seus efeitos psíquicos, isto é, as modalidades de sofrimento abertas por este novo tipo de dominação do psiquismo.

Mas a apropriação primária do Real, entendido aqui no sentido dos elementos psíquicos que estão aquém não apenas da consciência, como também da própria linguagem, não é a única interface entre o capitalismo de vigilância e o psiquismo. Como bem sublinha este livro, esta é apenas a primeira etapa de um processo cujo *telos* é o ato da compra ou do voto. Nessa segunda etapa, temos a realização de uma forma de dominação mais sutil, na qual a experiência da liberdade individual funciona como um elemento essencial. Passamos aqui a uma outra forma das relações de poder, na verdade, uma forma indireta de exercício de poder. Pois se trata, nessa nova estratégia do poder, não apenas da apropriação primária do Real, ou dos elementos Beta do psiquismo, mas de um processo de antecipação, voltado para condução das ações futuras dos sujeitos. Esse tipo de poder baseado no controle do meio ambiente e nas possibilidades de ação dos indivíduos foi nomeado por Foucault como um poder pastoral, uma expressão oriunda do tipo de controle que foi desenvolvido pela primeira tradição monástica cristã, mas que é um modelo poderoso para compreendermos o tipo de alienação em jogo na segunda etapa do capitalismo de vigilância.

A atualidade do modelo do poder pastoral para compreendermos essa segunda etapa da dominação no capitalismo digital pode ser mais facilmente observada no ambiente digital do qual o homem comum retira seu conhecimento e as informações para suas ações futuras. Este ambiente não é o campo natural de sua própria experiência. Longe disso, e devido à tecnologia algorítmica altamente desenvolvida, esse ambiente é cuidadosamente e completamente controlado. Isso significa que o homem comum, o usuário da rede, está dividido em uma situação dupla: por um lado, ele age livremente e decide sem restrições, a cada vez, a confiabilidade que merece cada informação à qual ele tem acesso. Por outro lado, o ambiente e as fontes das quais ele adquire seus conjuntos de informações são o resultado de um processo de seleção projetado e personalizado com precisão. Este sujeito está rodeado de informações personalizadas, e portanto excluído de inúmeras informações que poderiam contradizê-las. O usuário da rede tem assim uma experiência de onipotência de saber e de liberdade, em que ele experimenta suas decisões como resultado de sua avaliação autônoma, ao passo que, objetivamente, suas ações são sutilmente conduzidas para direções pré-definidas, no ato da compra ou do voto.

Dito isso, temos uma ideia da amplitude do que está em jogo nas duas etapas do poder no capitalismo de vigilância. Estamos aqui na etapa de criação artificial de ambientes e planejamento cuidadoso dos conjuntos de valores, e, portanto, de opções sobre os quais os sujeitos exercerão sua liberdade de escolha. Neste ambiente cuidadosamente planejado, qualquer conteúdo pode ser intensificado e usado como pivô da construção de valores e de formas de reconhecimento social. No caso do neoliberalismo, ele tem funcionado como uma forma de homologação social de idealizações narcísicas, com a valorização reiterada de uma onipotência superficial, e da liberdade individual como algo que é excludente dos interesses do outro. Diante das inevitáveis experiências de falha e da angústia ou depressão decorrentes destas, este ambiente digital da cultura neoliberal está pronto para fornecer discursos, dopings digitais ou medicamentos que prometem recuperar sua experiência de onipotência. O sofrimento, que potencialmente indicaria as falhas da cultura neoliberal, é assim recuperado como produção de valor, fechando assim o circuito da dominação do sujeito no capitalismo digital.

Congratulo Pedro Leite por nos trazer uma leitura precisa destes novos problemas, e assim convidar a comunidade psicanalítica a se posicionar sobre esta realidade, atualizar suas ferramentas clínicas e despertar sua antiga vocação política.

Nelson da Silva Junior

Conteúdo

Introdução	17
A luz do meio-dia	27
Esboço de uma metapsicologia para a vacina	55
Um mal-estar na civilização digital	61
Psicanálise, *big data* e o capitalismo de vigilância	107
Hiperconectividade e exaustão	175
Sobre o autor	201

Introdução

O presente volume nasce a partir de três linhas de tensão.

A primeira delas, e também a mais antiga, se refere à minha ligação com a Psicanálise. Para rastrear sua origem, recorro aqui às primeiras impressões de minha análise pessoal, vasculhando um pouco o baú das memórias. Ali, encontro pequenos detalhes banais que se misturam a experiências de enorme impacto emocional para mim. O cheiro de uma sala de espera perdida no tempo, o sotaque de meu analista, o azul profundo que coloria um dos quadros de seu consultório, o medo do desconhecido. Sobretudo me lembro do efeito do silêncio, vazio que aos poucos escavava para dentro regiões absolutamente novas.

Depois de alguns primeiros meses testemunhei a mim mesmo deitado no divã, mergulhado num processo analítico regressivo, e observava as pontes do que eu chamava de realidade desabarem. Eu não me lembrava de haver tomado contato com qualquer experiência semelhante até então, e tal dinâmica me deixava perplexo. "Onde Isso estava durante todo esse tempo? Como eu podia ser tão infantil? Tão carente? Dependente? Deprimido?". Pois bem, parece que existem certas percepções que, uma vez vistas, você simplesmente não consegue *des*ver, e agora não havia mais um ponto seguro para o qual retornar. O único caminho que se apresentava possível era seguir adiante. Respirar, tomar coragem e aprofundar o trabalho que se abria, torcendo para encontrar um novo ponto de organização comigo mesmo numa outra margem. Curiosamente, apesar de todo o sofrimento envolvido na empreitada, no fundo eu conservava algum tipo de alegria, pois a sequência renovava minha esperança na vida, em mim mesmo, ou sabe-se lá no que.

Hoje percebo que tais lembranças se tornam progressivamente mais vagas, como uma foto analógica que desbota sob a ação do tempo. De qualquer forma, sua importância se conserva intacta, pois sinto como se elas guardassem para mim a fonte inesgotável de um sentimento que só posso chamar de *psicanalítico*. Julgo que este é o elemento principal de minha trajetória, um enigma que sempre escapa ao intelecto, e cujo vigor continua sendo a força-motriz das escolhas que se sucederam. Tal sentimento psicanalítico continua sendo a constelação que me orienta quando o mar se faz violento, ou quando a noite se põe escura demais.

Pois bem, descrita a nau e a natureza de sua propulsão, a segunda linha constitutiva deste livro se refere ao estado global de pandemia pelo coronavírus que se abateu sobre nós. Do dia para a noite, tudo o que nos era mais caro foi colocado em xeque, confirmando as três fontes de sofrimento aventadas por Freud em seu *O mal-estar na civilização* (1930):

> *Até agora, nossa investigação sobre a felicidade não nos ensinou muita coisa que já não fosse conhecida. E se lhe dermos prosseguimento, perguntando por que é tão difícil para os homens serem felizes, a perspectiva de aprender algo novo também não parece grande. Já demos a resposta, ao indicar as três fontes de onde vem o nosso sofrer: a prepotência da natureza, a fragilidade de*

> *nosso corpo e a insuficiência das normas que regulam os vínculos humanos na família, no Estado e na sociedade. No tocante às duas primeiras, nosso julgamento não tem porque hesitar: ele nos obriga ao reconhecimento dessas fontes do sofrer e à rendição ao inevitável. Nunca dominaremos completamente a natureza, e nosso organismo, ele mesmo parte dessa natureza, será sempre uma construção transitória, limitada em adequação e desempenho. (p.43).*

As primeiras semanas da pandemia se instalavam, revelando nitidamente a "prepotência da natureza" e a "fragilidade de nosso corpo" — retomada do desamparo original de nosso gênero. Naquele momento sentimos medo de morrer, medo de que nossos entes mais queridos também morressem, e as perdas que estavam prestes a ocorrer confirmariam a precisão de nossa *Realangst*. Um longo período de insegurança e impotência ainda nos aguardava rumo ao colapso do sistema de saúde, e depois, na direção de um horizonte de alguma esperança trazido pelas vacinas. Como se isso não bastasse, não estávamos apenas perdendo a ilusão de estabilidade enquanto espécie na natureza. Diante dos imperativos de distanciamento e isolamento perdíamos também a rotina familiar, o senso de pertencimento à comunidade, e boa parte do laço social como um todo. Justamente, as "normas que regulam os vínculos humanos na família, no Estado e na sociedade" não carregam apenas a função de inibir e mediar a meta pulsional agressiva — principal personagem responsável pelo mal-estar no texto freudiano. Elas também compõem nossos ritos e rituais de convivência, uma espécie de mobiliário por meio do qual tornamos habitável o Tempo. Pressionados a sobreviver, não perdemos apenas amigos e familiares, perdemos também o nosso Lar.

Com este pano de fundo, a rotina de trabalho não poderia ter se transformado mais radicalmente. Por um lado, num primeiro momento os horários no consultório foram se esvaziando, e o futuro financeiro também se tornara incerto. Por outro, a prescrição do "fique em casa" promoveu os atendimentos *online*, o que marcou uma virada em nosso ofício. Se antes o tele-atendimento era visto como exceção, pesquisa ou pecado, agora ele havia ressurgido como alternativa por meio da qual os sonhos poderiam continuar a ser sonhados e narrados. Exilados de nossa própria vida, uma nova porta se abria como passagem para um terreno muito pouco conhecido. A oportunidade de descobri-lo estava ali, na luz que emanava das telas de nossos celulares, computadores e *tablets*.

Confrontado com essa série de perdas, e provocado num ângulo específico de curiosidade em torno da exploração clínica, o ato de escrever foi se tornando para mim um tipo de sobrevivência mental. Este livro começou a ser escrito não como um livro, nem como um artigo, mas como uma série de notas que no início se prestavam apenas para me manter aquecido frente ao inverno viral. As palavras se tornaram frases, as frases, textos, os textos, capítulos. Em parte pude escapar da desesperança e da insanidade ao imaginar que você — leitor — viria a ler o que se segue. Assim, agradeço de antemão a companhia que você me prestou, algo similar ao que a bola de vôlei Wilson fez pelo desamparado Chuck no filme *Náufrago* (2000). Espero que agora você também possa aproveitar do escrito para além deste papel de objeto transicional, como um sujeito de alteridade em relação a mim.

Last, but not least, a terceira linha de tensão presente nas próximas páginas foi o fato de que meu interesse pelo digital passou a crescer a cada dia desde então. Por isso, há algum tempo tenho tomado como objeto de pesquisa as incidências da vida digital sobre nossas formas de ser e de sofrer, dentro e fora do divã. Nessa direção, transcorrido um primeiro momento de trabalho, olho para um de meus argumentos que se tornaram nodais ao longo do caminho e ele me parece simples em sua formulação. A saber: a interação entre o ser humano e uma dada forma de sua atual tecnologia permite que hoje um sujeito ganhe amplo conhecimento a respeito da vida inconsciente de outrem, sem que este tenha sua percepção minimamente despertada ao longo do processo. O clássico *Onde era Isso há de ser Eu* agora divide espaço com o recente *Onde era Isso há de ser Eles*. Em outras palavras, a análise pessoal, o treinamento clínico e a introjeção da ética psicanalítica — balizadora do poder que emana de nosso ofício — não figuram mais como o único método de se produzir o tão específico saber metapsicológico. Além disso, e como se este primeiro ponto já não fosse contundente o bastante, uma segunda parte da investigação levanta a ideia de que a apropriação de nossa vida inconsciente por terceiros é favorecida por meio de transformações intersubjetivas e intrapsíquicas, culturais e superegóicas. Por exemplo, hoje constatamos a ascensão de todo um *zeitgeist* em torno de hiperconexão, hiperexposição e compartilhamento. O culto à transparência — pressão inconsciente encontrada por dentro e por fora de cada um de nós — é uma das pedras angulares que parece sustentar a captura desavisada de nossa psicologia profunda.

Assim, se mesmo uma pequena parte dessas teses forem verdadeiras, elas não nos interessam de imediato e diretamente? Não se torna quase imperativo comparar a natureza e o alcance de cada um dos dois expedientes — o tradicional-analógico e o contemporâneo-digital — capazes de elevar nossa vida pulsional ao patamar de símbolos e representações? Não fazê-lo me soa como uma escolha intelectual displicente, senão negligente, que implica no sério risco de privar nosso campo teórico-clínico do encontro com uma nova gramática presente em nossa civilização — incluindo aí a sala de análise e a dupla analítica. Em mais de uma oportunidade nossa área se renovou quando permeável ao seu tempo, quando deixou suas portas e sentidos abertos aos habitantes dos mundos lá fora. Por outro lado, quantas vezes a arte já não retratou o embotar do juízo e do pensamento por meio de imagens de distância e fechamento? Por exemplo, na figura de uma casa geograficamente isolada onde seus moradores passam a flertar com a loucura. Ou seja, do meu ponto de vista, vejo esta investigação como minha própria maneira de preservar o legado de todos aqueles que nos antecederam, e de preparar o terreno para que a Psicanálise continue a florescer com vigor.

Dito isto, eu me colocaria agora a caminho de acompanhar o leitor ao longo do processo aqui nomeado como *Onde era Isso há de ser Eles*. Provavelmente eu começaria pelo tema do *big data*, buscaria conceituar o que são dados e metadados, assim como introduziria a ideia que hoje o digital não se refere mais apenas aos nossos *smartphones*, mas, sobretudo, também aos nossos carros, relógios, geladeiras, aspiradores, brinquedos, etc. Ao final, eu chegaria próximo da conclusão de que as pegadas que deixamos no digital (em especial aquelas mais banais e periféricas, e nem tanto o conteúdo mais privado e sensível) podem ser entendidas como pequenos fragmentos a partir dos quais elementos de nossa vida inconsciente são reconstruídos. Algo semelhante a quem busca um documento rasgado em pequenos pedaços no lixo, e vagarosamente vai reconstituindo sua mensagem original como um quebra-cabeças. Em seguida, eu buscaria ser minucioso em explicitar casos reais onde essa dinâmica se mostrasse em ação da forma mais didática possível, o que facilitaria meu esforço de tradução para conclusões em linguagem psicanalítica. Esse percurso será realizado a seu tempo, em alguns dos capítulos que se seguem.

No entanto, convidado a falar ou a escrever sobre o tema, tenho aprendido que tais ideias contém um grande potencial de provocar reações de natureza paranóica, e, portanto, atrofia do pensamento. Devo dizer uma ou outra palavra sobre isto antes de podermos continuar. De fato, tudo o que é novo e desconhecido (não-Eu) pode facilmente despertar as camadas mais primitivas, radicais e violentas de nossa psique, e não faltarão referências em Freud, Klein, Bion, Winnicott e outros para refletir sobre tais movimentos. Porém, acredito que não apenas a novidade do digital é responsável por esta atitude. Acho que a própria ideia de ser transparente diante de um outro pode evocar angústias, desejos e fantasias de todo tipo. Lembro aqui das difíceis situações clínicas onde um paciente experimenta que seu analista detém acesso direto ao Todo de si — um olhar de raio-x que tudo ilumina, tudo vê e tudo sabe. Pois bem, penso que diante deste tema específico nos encontramos próximos a tal paciente, e isto acontece porque a pérola de nossa alucinação se secreta em torno de um grão de areia real e contemporâneo — objeto de meu interesse científico.

Assim, é a partir dessa chave que tento compreender as reações de colegas que passam a ver no digital, em meus argumentos ou mesmo em minha pessoa algum tipo de objeto mau, de objeto bizarro, ou pelo menos de um herege. Ou então, inversamente, há uma atitude sintomática que lembra a de Estocolmo, onde as pessoas passam a gostar de mim ou de meus argumentos sem tê-los apreendido em sua essência, como se estivessem se submetendo a algum personagem que lhes ameaça. Nesses momentos, o maniqueísmo e a certeza quanto ao que é desconhecido cresce: "sabemos o que é a internet, é um lugar de não-pensamento, de não-existência, e nada mais"; Com sotaque moral: "o digital corrói as relações humanas, precisamos proteger nossos jovens"; Com pressa, prevendo o futuro: "o digital ou a máquina podem até se aproximar das faculdades da mente humana, mas nunca serão capazes de captar qualquer aspecto do inconsciente". Num estilo fálico: "Se o digital não consegue simbolizar exatamente como a mente humana em todas as suas nuances, ele não é capaz de simbolizar de forma alguma". De forma melancólica: "não há nada de novo nesses desenvolvimentos tecnológicos do ser humano, apenas uma repetição do que já havia afirmado o autor X ao tratar do assunto Y"; E mais frequentemente, com condescendência: "isso é uma boa Sociologia, uma interessante Psicologia, mas não é Psicanálise". Enfim, seja num caso ou em outro, o efeito mais inexorável de todas essas reações em arco-reflexo é o fim da curiosidade, e a morte da reflexão. De minha parte, tento aprender e manejar tais reações na intenção de sensibilizar o maior número possível de olhos abertos para a esfinge do que é contemporâneo. É neste ponto de solidão que me faz boa companhia o ensaio de Agamben:

> *O contemporâneo é aquele que percebe o escuro do seu tempo como algo que lhe concerne e não cessa de interpelá-lo, algo que, mais do que toda a luz, dirige-se direta e singularmente a ele. Contemporâneo é aquele que recebe em pleno rosto o facho de trevas que provém de seu tempo.*

Ao longo de meu caminho tenho encontrado a preciosa companhia de amigos e colegas que parecem tolerar em seus rostos tal facho de trevas que hoje, paradoxalmente, provém de telas iluminadas. Deixo aqui meu profundo agradecimento aos mesmos pela interlocução — esse livro não existiria sem as nossas longas e estimulantes conversas. Nos momentos em que conseguimos atravessar a melancolia, o moralismo e a paranoia, nosso diálogo ainda sugere que o processo *Onde era Isso há de ser Eles* embrulha nossa vida inconsciente e a oferece a atores interessados em nos influenciar no âmbito do consumo ou da ação política. Por isso, se hoje a simbolização de nossa psicologia profunda pode ser comprada num novo tipo de mercado, esse fato inaugura uma nova forma de economia — o capitalismo de vigilância — e uma nova forma de metapsicopoder que vem sendo usado para influenciar eleições ao redor do mundo. Assim, a Psicanálise se vê interrogada tanto em seu vértice clínico quanto em sua vocação histórica para refletir sobre as vísceras inconscientes do poder.

Por fim, vemos que tal linha de investigação também favorece indiretamente a ampliação da escuta analítica em ambiente clínico.

O esforço de sair de nossa cidade para visitar autores vizinhos parece nos recompensar com a criação de novas categorias perceptivas, e com a ressignificação de certas teorias psicanalíticas. Cito resumidamente alguns exemplos nos quais nossa escuta tem se revelado claramente alargada devido ao percurso estabelecido até aqui: Uma adolescente sofre e frui com sua compulsão de postar fotos íntimas e sensuais num perfil "anônimo" no Instagram, além de curtir o desespero de sua analista no lugar de testemunha de suas aventuras; Um rapaz de dezoito anos, profundamente mergulhado numa depressão marcada pela desvitalização e apatia, que passa horas por dia no *TikTok*. Diz que usa o aplicativo para escapar do tédio, mas a cada vez emerge do celular ainda mais esvaziado e amortecido; Um paciente internado numa enfermaria psiquiátrica fica angustiado ao usar seu tablet, diz que o *YouTube* consegue ler seus pensamentos e lhe dirigir propagandas que manipulam seu comportamento; Um paciente adulto que verbaliza o desejo de se transformar numa rede gigantesca de dados, e então se transportar por completo para dentro de seu analista-nuvem; Uma paciente adulta cuja sexualidade infantil, marcada pelo par exibicionismo/*voyeurismo*, se atualiza no uso das redes sociais. Quando criança, a onisciência de sua imago materna lhe provocava assombro e fascínio. Ao se identificar com a mesma, hoje seu treinamento em ciência da computação permite que ela descubra e use todas as senhas para monitorar seu namorado a partir de serviços de email, *Facebook*, etc; Uma paciente atravessada pela lógica da hiperinformação pós-moderna que está sempre atualizada sobre tudo. Faz-se consciente e responsável por diversas lutas e causas progressistas, sempre a um passo de distância do *burnout* devido ao excesso de percepção sobre o que se passa nos quatro cantos do planeta. Ela transfere sua dinâmica para a sessão, e a cada encontro deixa seu analista saturado e exausto ao se despejar sobre ele; Um menino faz uma pergunta para sua analista. Quando esta diz que não sabe a resposta, ele intervém: "então pergunta pro *Google*, ele é como Deus, ele sabe tudo".

A incidência deste tipo de tecnologia sobre a vida humana já se encontra infiltrada por toda a parte. Será que ela apenas dá uma nova forma ao que já existia? Em que medida propõe fenômenos de fato inéditos, do tipo que vemos mas não enxergamos? O quanto podemos tolerar a escuridão na qual estamos mergulhados, enquanto tentamos distinguir entre formas borradas e nossos fantasmas? Meu desejo mais candente é que o leitor possa desnaturalizar sua relação com a vida digital, estranhar por um instante seu celular, sentir-se um estrangeiro naquilo que antes era tão familiar, e experimentar a abertura de um espaço de percepção e pensamento que se encontrava fechado.

1. A luz do meio-dia[1]

1.

Todos os dias, perto das doze horas, o sol atinge seu ponto mais alto no céu. Nesse momento não temos uma sombra, ou, se a temos, ela se esconde com timidez. Quando olhamos diretamente para o sol a pino há dor, os olhos queimam e nossas pálpebras reagem em reflexo, tentando restituir alguma proteção. Se insistimos, a acuidade visual despenca, não conseguimos perceber nada mais do que formas borradas pela invasão de luz. Depois, quando já desviamos o olhar, por um certo tempo ainda retemos uma mancha no campo visual entre o roxo e o azul, consequência do excesso ao qual fomos expostos. Diversos casos nos avisam sobre os riscos de cegueira transitória ou permanente que pode emergir dessa prática. O excesso da luz implora por alguma barreira que possa lhe deter. Assim, a opinião popular recomenda que se usem os antigos filmes negativos para observar um eclipse, por exemplo.

---
1 Publicado na Revista de Psicanálise Latino-Americana, *Calibán*.

2.

Em 1964 o escritor inglês J. G. Ballard produziu o conto *The Gioconda of the Twilight Noon*.[2] Nele, seu protagonista, Richard Maitland, convalesce de uma operação nos olhos que lhe deixará um mês sem poder enxergar. Para isso, ele e sua mulher, Judith, emprestam a casa de praia de sua mãe, onde o paciente passa longos períodos sentado em uma cadeira de rodas em um gramado em frente ao mar. O canto das gaivotas dilacerando os peixes no banco de areia lhe incomoda muito, uma vez que seus demais sentidos se tornaram aguçados pela restrição visual. Mas o narrador revela que não eram apenas os sentidos físicos de Maitland que se refinavam. O seu olho interno também começava a se abrir:

> *Dentro de alguns dias, Maitland chegou a um acordo com sua cegueira, e a necessidade constante por algum tipo de estimulação externa desapareceu de forma gradual. Ele viu o que toda pessoa que não pode ver percebe rapidamente — que o estímulo ótico externo é apenas parte da imensa atividade visual mental. Ele esperava mergulhar numa escuridão Estigiana, mas ao invés disso seu cérebro foi preenchido por um incessante jogo de luz e cor.*

> *Às vezes, enquanto se deitava na luz do sol da manhã, ele via um extraordinário giro de padrões de luz laranja, como se fossem imensos discos solares. Estes recuavam gradualmente para pontos brilhantes, reluzindo sobre*

---

[2] O conto pode ser encontrado no livro de coletânea, *The Complete Short Stories* (2006). Os trechos usados nesse artigo foram traduzidos por mim a partir do original em inglês.

uma paisagem velada, através da qual formas sombreadas se moviam como animais em uma savana africana. Em outros momentos, memórias esquecidas se impingiam sobre essa tela, o que ele supôs serem relíquias visuais de sua infância, enterradas há muito tempo em sua mente.

Pouco a pouco, as camadas que separam o mundo externo dos níveis mais profundos da psique estavam sendo removidas, *camadas abafadoras, feitas de sangue, ossos, reflexo e convenções*. No mesmo ritmo, as imagens que se insinuavam à visão de Maitland foram tomando forma mais definida e misteriosa. Se no início o canto das gaivotas lhe provocava aversão, agora ele dependia desse estímulo sonoro para ser transportado até um cenário específico. Por intermédio do som das aves, ele se via num litoral rochoso, onde penhascos escuros e azulados pairavam sobre a névoa de um mar cinza. Tratava-se de um lugar deserto e desolado, onde ele se punha a observar as ondas arrebentarem contra as pedras da praia. O quadro era uma construção mental complexa, segundo ele mesmo, um condensado da *Tierra del Fuego*, do cabo *Horn*, da ilha italiana de *Gozo* (onde sua mãe passava férias no tempo do conto), do quadro *Virgem das Rochas* de Da Vinci e de fragmentos de memórias de sua infância. Ali, Maitland descobria pouco a pouco uma realidade que lhe parecia mais real do que tudo aquilo que podia ver com os antigos olhos. Fascinado, ele explorava tal geografia diariamente, até encontrar um rio que conduzia a um estuário em meio aos enormes penhascos. Entre o medo e a obsessão, ele adentrou à zona sombria para encontrar uma caverna que brilhava como se fosse uma sala de espelhos. E lá dentro, no fundo da mesma, ao final de uma escada improvável, uma mulher misteriosa o observava, uma feiticeira que em silêncio parecia lhe despertar o que é erótico.

Certo dia, como o sol excessivo que destrói a penumbra, seu médico lhe faz uma visita domiciliar para trocar os curativos. Nosso protagonista é pego desavisado e não consegue organizar uma reação — como proteger de forma sensata sua nova forma de ver? O oftalmologista lhe examina em uma sala escura, mas os raios de luz operam seu efeito devastador:

> *Dr Phillips o examinara no estúdio escuro, mas o delgado raio incandescente e as poucas agulhas de luz ao redor de certas cortinas preencheram seu cérebro como arcos de luz. Ele esperou o ofuscamento diminuir, percebendo que seu mundo interno, a gruta, a casa de espelhos e a feiticeira foram queimados de sua mente pela luz do sol. [...] Depois que ele se foi Maitland falou para as paredes invisíveis, seus lábios sussurrando por debaixo das ataduras: 'Doutor, devolva meus olhos'.*

A partir desse ponto o conto progride rápido até o seu final. O paciente leva dias para recuperar seu mundo interno, e estar no quarto e na cama de sua mãe parecem favorecer tal regeneração. Ele consegue passar mais uma noite em companhia de sua bruxa do amor, quando o médico surge novamente, de surpresa, para lhe operar a "cura" final. Sem o curativo e desesperado com sua nova visão/cegueira, o personagem anda sozinho até o litoral, acompanhado do voo das gaivotas em forma de foice, figura que anuncia a tragédia. Depois de um grito de Maitland vindo da praia — uma mistura de dor e triunfo — Judith sai correndo da casa em direção ao litoral, onde encontra seu marido no palco da última cena da história:

> *Então ela o viu de pé no banco de areia, sua cabeça erguida em direção ao sol, o carmim brilhante em suas bochechas e mãos, um Édipo lascivo, impenitente.*

A menção explícita a Édipo ao final do texto costura os fios de sentido deixados pelo autor ao longo de sua narrativa. A mãe do paciente já havia sido citada diversas vezes. Era sua a casa na praia; era em sua cama que seu filho conseguiu restituir a alcova austral, lugar onde ele reencontrava a figura da feiticeira cujo rosto se sugeria demasiadamente familiar para o protagonista; no tempo do conto, a mãe do mesmo viajava pelo litoral da Itália, e estava na ilha de *Gozo* — termo que remete ao campo do erótico. Assim, ao final do conto Maitland repete o arrancar dos olhos de Édipo. Este, em desespero por ter assassinado seu pai e desposado sua mãe, o faz por não tolerar ser a testemunha de seus próprios atos:

> *Oh! Ai de mim! Então no final tudo seria verdade! Ah! Luz do dia, que eu te veja aqui pela última vez, já que hoje me revelo o filho de quem não devia nascer, o esposo de quem não devia ser, o assassino de quem não deveria matar!*[3]

Mas para além da referência ao mito edípico, o conto de Ballard parece conter uma nosografia metafórica de dois tipos de cegueira. No início da ação temos o personagem central preso à cegueira das sombras, convalescendo na casa de praia de sua mãe. No entanto, a abertura de um olho interno produz uma troca de sinais sobre o significado do que é ver e do que é ser cego. Mais ainda, a verdade que se impõe no escuro parece mais real e significativa ao personagem do que a realidade percebida pelos olhos físicos. Aqui temos o segundo tipo de cegueira, mais paradoxal, mais irônica: a cegueira das luzes. Essa nova forma de não ver faz lembrar a cegueira branca dos personagens do *Ensaio sobre a Cegueira*, de Saramago, mas entre as duas cegueiras claras — a de Ballard e a do português — existe uma distância enorme. Esta simboliza o colapso do Ideal do Eu, traduzida

---

3   *Édipo Rei*, de Sófocles.

na perda do contrato social e na emergência da vida pulsional que não encontra um anteparo civilizatório. Aquela, por outro lado, se refere à devastação do órgão de percepção interno e da vida mental íntima pelo excesso da luz-realidade-externa.

Em campo psicanalítico, talvez seja possível afirmar que a cegueira das sombras encontra correspondência nos conceitos de Repressão (*Unterdrückung*), Recalque (*Verdrängung*), Resistência, Negação (tanto *Verneinung* como *Verleugnung*) etc. Por sua vez, a cegueira branca, o excesso de estímulo que não consegue ser freado, podem ser pensados em torno dos conceitos psicanalíticos de *Trieb* e Trauma.

3.

Há alguns anos atendo um paciente que guarda consigo a seguinte lembrança encobridora.[4] Ele tem cerca de cinco ou seis anos, e já gosta de dormir até um pouco mais tarde. Sua mãe não tolera essa sua preferência, seja durante os dias de semana quando a rotina da escola se faz presente, seja nos finais de semana, férias ou feriados. Todo santo dia ela entra em seu quarto e escancara as janelas, fazendo a luz entrar de uma só vez por toda a parte. Sua memória é essa, a de acordar atordoado em meio a tamanha claridade.

Não por acaso, a memória se atualiza por meio da máquina do tempo da transferência. Na maior parte das sessões ele me expõe a um sem fim de informações sobre o seu dia a dia, e diante da poluição de estímulos, me vejo como aquela criança desorientada, tendo meus órgãos perceptivos sobrecarregados pelo excesso da

---

4 Uso o termo para me referir ao processo que Freud descreveu em *Lembranças Encobridoras* (1899), nas quais esse tipo de memória surge como uma das formações do inconsciente, num compromisso entre o processo primário e as instâncias de censura.

mãe-luz-do-sol-na-janela-escancarada. Quando eu pergunto sobre essa dinâmica que se impõe sobre nós, ele chega a dizer sobre a ambição de que um dia eu pudesse conhecê-lo por completo. Com esse pano de fundo, chegamos a uma sessão na qual surpreendo a mim mesmo no meu silêncio — estou entoando algum tipo de mantra de algum tipo de espiritualidade de algum país oriental. A repetição muda daquela vogal demonstra ter a capacidade de criar uma película psíquica que pode filtrar a carga de informações despejada pelo paciente. Com isso, depois de muito, muito tempo de repetição, há uma abertura. Dentro de minha nova membrana sinto que ganho um espaço precioso na sala, e este vem acompanhado por um sentimento de alívio e de aguçamento de minha escuta. Por vezes exagero na meditação e percebo que a película se tornou uma parede acústica — estou me protegendo em excesso. Começo a me pôr questões se todo o fenômeno não seria defensivo, e se o que é solicitado de mim não seria receber por completo a experiência da criança atordoada.

Em meio a isso, o paciente nota que algo mudou em mim. Ele não consegue falar sobre isso e também parece não conseguir me escutar sobre o fato. De qualquer maneira, eu percebo que ele percebeu algo. Pouco a pouco, mesmo que a elaboração não venha se expressando por meio de associações e interpretações formais, a poluição sensorial parece reduzir. Ele, que apesar de ser o dono, sempre foi invadido por sua empresa-mãe-luz-sem-filtro, começa a estabelecer protocolos que o protegem do acesso direto aos muitos funcionários com quem convive. Tem início uma reforma do seu lugar de trabalho, que inclui uma sala própria inédita com o isolamento físico e simbólico adequados. Depois, ele começa a criar uma nova rotina de trabalho para si — períodos em que estará no *modo avião*, sem sinal para falar com quem quer que seja, para poder refletir sobre a empresa e também para proteger sua criatividade. Se antes ele era atingido diretamente pela torrente de emails e WhatsApps, agora começa a se instalar um tempo de espera, um interlúdio para o seu próprio pensar. Em outras palavras, a película criada durante a experiência contratransferencial estava sendo pouco a pouco introjetada, o que o paciente parecia sentir como um ganho para o seu estar-no-mundo.

Sobre a poluição de informações concretas e minha espontânea reação meditativa, penso que existe um interesse não apenas clínico, mas também social. Nessa dinâmica de bombardeamento de dados associada à falta de uma membrana, podemos encontrar uma analogia com a nossa atual *sociedade da informação*, em que o excesso de luz não tem como fonte o sol, mas as próprias telas de nossos televisores, computadores, tablets e smartphones. Em abril de 2019, uma pesquisa da Fundação Getulio Vargas[5] revelou que no Brasil havia 230 milhões de smartphones ativos, ou seja, vivemos em um país em que há mais telefones do que pessoas. Nessa estatística, estamos à frente da média global, na qual há uma estimativa de que 67% da população do globo tenha acesso a esse tipo de instrumento de comunicação. É provável que em nosso país cada habitante não tenha de fato o seu próprio smartphone, mas o número explicita uma tendência de nossa comunidade local e global à supercomunicação.

No entanto, a supercomunicação não parece ser causada pelo aumento da quantidade de aparelhos celulares. Pelo contrário, talvez o aumento exponencial desses números apenas explicite um conjunto de forças mais oculto. O filósofo sul-coreano Byung-Chul Han parece captar parte desse fenômeno intra e interpsíquico pela sua chave: excesso de positividade/falta de negatividade. Ele explora essa fórmula em diversos ângulos de nossa existência contemporânea, inclusive no que diz respeito ao âmbito da comunicação e do contato com a realidade. Para se referir à perda da película da negatividade, ele usa a metáfora da perda imunológica de um organismo. Em seu livro *No Enxame, Perspectivas do digital* (2019), em um capítulo nomeado "Cansaço da informação", ele diz:

---

[5] https://eaesp.fgv.br/sites/eaesp.fgv.br/files/noticias2019fgvcia_2019.pdf

Era 1936 quando Walter Benjamin descreveu como "choque" a forma de recepção do filme. O choque tomou o lugar da contemplação enquanto postura de recepção frente a uma pintura. O choque, porém, não é mais adequado para a caracterização da percepção de hoje. Ele é um tipo de reação imunológica. Nisso ele se assemelha à repulsa. As imagens hoje não provocam nenhum espanto. [...]

Uma defesa imunológica intensa sufoca a comunicação. Quanto menor a barreira imunológica, mais rápida se torna a circulação de informação. Uma barreira imunológica elevada torna a troca de informações mais lenta. Não a defesa imunológica, mas sim o curtir promove a comunicação. A rápida circulação de informações acelera também a circulação de capital. Assim, a supressão [da barreira] imunológica cuida para que massas de informação nos adentrem sem colidirem com uma defesa imunológica. A baixa barreira imunológica fortalece o consumo de informações. A massa de informação não filtrada faz, porém, com que a percepção seja embotada. Ela é responsável por alguns distúrbios psíquicos.

Temos aqui uma descrição que evoca rapidamente alguns termos: *Facebook, Instagram, WhatsApp, TikTok, meme* etc. As mídias digitais e as redes sociais, vêm se tornando mais e mais especializadas em derrubar os filtros pelos quais a informação transita, o que acarreta no processo de aceleração mencionado. Por exemplo, se você abrir um desses aplicativos e rolar continuamente para baixo o *feed* de conteúdos, perceberá que ele não tem fim. Você poderia fazê-lo por 24 horas e ainda assim haveria novas informações a cada deslizar dos dedos. Esse recurso foi desenvolvido por engenheiros da era digital, e se chama *barra de rolagem infinita*. Tal tecnologia desmonta limites, filtros e barreiras, tornando possível que uma quantidade imensa de informação possa adentrar nosso aparelho psíquico sem muita resistência imunológica.

Um outro exemplo desse mesmo fenômeno pode ser encontrado numa mudança recente na *Netflix*. Até pouco tempo atrás, para assistir um conteúdo do *streaming*, você deveria escolhê-lo dentro de um rol de opções. Por outro lado, hoje uma sinopse do filme já começa a ser exibido automaticamente se você não tomar nenhuma medida ativa para barrá-lo. E o mesmo ocorre ao final de um episódio de seriado — o próximo capítulo será iniciado dentro de pouquíssimos segundos, a não ser que você ativamente aperte o botão para interromper o fluxo audiovisual. Muitas vezes não há tempo para esse gesto de negatividade, e as cenas seguintes invadem nossas telas. O filósofo diz que a consequência mais imediata desse tipo de relação com a informação é o definhar da percepção e o estupor do pensamento. O pensamento justamente é a ação psíquica que necessita deixar de lado toda a percepção que não é essencial ao que está sendo pensado. O pensamento requer a negatividade do filtrar, do esquecer. Ele trabalha para distinguir o essencial do não essencial. O pensamento requer a presença de uma membrana. A informação é inclusiva, cumulativa, enquanto o pensamento é exclusivo. Mais uma vez, temos o excesso de luz (uma luz sem sombra) e a falta de filtro que ofuscam ao invés de esclarecer.

Além desse colapso imunológico da percepção, Han ainda estende seu exame do processo de perda da negatividade ao contato com a realidade do mundo. Ele argumenta que percebemos e sentimos o mundo porque este se contrapõe a nós, ou seja, temos contato com a realidade pela resistência que ela nos oferece em ser conhecida ou dominada. O esforço científico ou psicanalítico trabalha contra esse algo da realidade que resiste, e o conhecimento obtido nessa empreitada é sempre parcial, limitado, incompleto. Tal resistência funciona como uma barreira entre nós e o mundo, de forma a sustentar as saliências, as arestas, a incompletude e o mistério do universo e da vida. Justamente, a nova massa de textos e imagens que jorram pela luz de nossas telas enfraquece a resistência que a realidade nos oferece. Hoje vivemos as *fake news*, mentiras que não descrevem a realidade como ela é, mas sim como gostaríamos que ela fosse. As mensagens falsas que recebemos no WhatsApp muitas vezes repõem a falta de sentido, o absurdo do Homem e do Mundo. Dessa forma, o universo perde em segredo, em nuance, em complexidade, para que nosso Eu possa positivá-lo por intermédio da crença e do consumo.

Além dos textos distorcidos que enfraquecem tal resistência da realidade, a nossa relação com as imagens também parece caminhar no mesmo sentido. Tiramos inúmeras fotos e a elas aplicamos inúmeros filtros, mas as fotos tiradas começam a escapar da realidade percebida. A vida no *Instagram* parece mais viva, mais colorida, mais real do que a realidade deficitária resistente. O livro citado ainda nos lembra da síndrome de Paris, afecção psíquica aguda e grave que acomete diversos turistas, caracterizada pelos sintomas de alucinação, desrealização, despersonalização e pânico. O gatilho dos sintomas é a incongruência entre as imagens hiper-reais consumidas previamente sobre a cidade-luz e a experiência real de estar andando por Paris. De forma precisa, o sintoma vem para denunciar que as imagens otimizadas anularam a resistência do mundo real deficiente. A desrealização na síndrome de Paris é o início de um tratamento psíquico a partir da quebra da ditadura do imaginário, com a abertura para a precariedade do que é real. Nesse sentido, não nos parece defensivo o tirar compulsivo de fotos, como se quiséssemos destruir as rugas da realidade?

Pouco a pouco vamos trocando o nosso mundo pobre em cores e sentido por um outro melhor, menos feio, menos absurdo. Ao longo dessa substituição podemos observar a perda da negatividade da realidade, ou seja, a perda de uma membrana não apenas dos órgãos psíquicos que recebem a massa de informações, mas sobretudo do universo que nos cerca. Um universo sem membrana é um universo morto, totalmente acessível e consumível. Esse filtro representa aqui a sombra, a vida que não se deixa conhecer, a área que não pode ser iluminada completamente, o escuro que pode formar gradações e matizes com a luz. Sem ela, a positividade do Eu passa a imperar de forma mórbida e desenfreada.

Uma vez que possamos nos familiarizar com tal descrição de nossa vida contemporânea em torno do binômio excesso de positividade do Eu/falta de negatividade do Outro, estaremos em melhores condições para avaliar o impacto da pandemia da doença Covid-19 provocada pelo vírus SARS-CoV-2. Em artigo recente intitulado *O coronavírus de hoje e o mundo de amanhã* (2020) o próprio Byung--Chul Han descreve o lugar do vírus nesse cenário:

> *Mas há outro motivo para o tremendo pânico. Novamente tem a ver com a digitalização. A digitalização elimina a realidade, a realidade é experimentada graças à resistência que oferece, e que também pode ser dolorosa. A digitalização, toda a cultura do "like", suprime a negatividade da resistência. E na época pós-fática das fake news e dos deepfakes surge uma apatia à realidade. Dessa forma, aqui é um vírus real e não um vírus de computador, e que causa uma comoção. A realidade, a resistência, volta a se fazer notar no formato de um vírus inimigo. A violenta e exagerada reação de pânico ao vírus se explica em função dessa comoção pela realidade.*

Dessa forma, podemos encontrar no estado de pandemia atual alguma semelhança com a síndrome de Paris. Um turista hipotético teria aplainado as saliências da realidade por meio das imagens melhoradas da capital francesa. O contato com a Paris real faz o império da imagem ruir, resgatando parte das imperfeições do universo. Em escala global, todos nós temos nivelado tais arestas por meio dos fenômenos descritos anteriormente, substituindo-a por um mundo infiltrado pelo narcisismo excessivo, liso como a tela de nossos smartphones. Nesse cenário surge o SARS-CoV-2, um vírus que restitui a negatividade daquilo que não pode ser conhecido ou controlado completamente. É provável que estejamos todos passando por algum tipo de desrealização, mas uma desrealização específica, a saber, a perda da realidade otimizada que temos construído nos últimos anos com a ajuda da supercomunicação.

4.

O surto global de Covid-19 restitui um excesso áspero de realidade para o qual não estávamos preparados (hipoteticamente, seria isso sequer possível?). Nesse cenário, somos impactados pelo retorno da negatividade nos mais diversos níveis, desde a morte de pessoas amadas até mudanças nos elementos mais simples e banais de nosso cotidiano. Tal impacto desperta nossos medos frente às ameaças materiais/existenciais, e também nossas angústias que se expressam por meio de fantasias conscientes e inconscientes. No entanto, a expressão subjetiva pela linguagem desses medos e angústias apontam para uma competência do aparelho psíquico em formar sintomas e integrar tais experiências ao Eu. Nesses casos já existe algum tipo de trabalho de elaboração e de simbolização do excedente de estímulos internos e externos. Em um estágio anterior a este, a realidade externa e/ou a vida pulsional não conseguem se ligar a imagens, representações ou afetos, e permanecem "inoculados" na psique, desintegrados ao Eu, aguardando que alguma ação mental lhes traga um novo lugar no todo. Estamos diante da clínica do traumático, que pode ser ilustrada com um exemplo clínico.

Atendo um paciente que se encontra na linha de frente do combate ao SARS-CoV-2. Ele tem passado horas em uma UTI cuidando de pacientes que apresentam insuficiência respiratória grave, enquanto veste equipamentos que o protegem da contaminação pelo vírus. Diariamente ele testemunha a morte de seus pacientes e a dor das famílias envolvidas, que nem sequer podem se apoiar nos preciosos ritos funerários para atravessar o trabalho do luto. No mesmo período, há uma mudança afetiva importante em suas sessões. Sinto ele mais duro, frio e distante de si e de mim, como se ele trouxesse seus instrumentos de paramentação para dentro da análise. Seu agir um pouco mais mecânico é um recurso defensivo fundamental, que lhe protege e lhe permite seguir com seu trabalho e com sua função social no *front* do sistema de saúde.

No entanto, depois de um período de afastamento ele começa a ter pesadelos. Sonha repetidamente com a mesma cena que presenciou no hospital. Ele entra na UTI e vê todos os leitos ocupados com pacientes intubados e pronados. A imagem produz muita angústia, e então ele acorda nesse mesmo clima afetivo. Quando conta sobre os pesadelos, ele me explica que a pronação (deitar um paciente de bruços) é um recurso extremo para mobilizar o máximo da capacidade pulmonar, uma manobra que indica a gravidade do caso. Ou seja, o pesadelo recupera a fragilidade clínica dos pacientes graves, e sua proximidade da morte. Enquanto meu paciente conta os pesadelos pela primeira vez, vejo que ele se desloca da mecanicidade das últimas semanas, sua dor o esquenta, e sua angústia me produz algum tipo de alívio.

O pesadelo dos pacientes pronados na UTI é um tipo de sonho que levou Freud a rever a estrutura de sua metapsicologia. Ele implica num impasse teórico, pois nele o desprazer do sonhador não encontra uma correspondência de prazer em nenhum outro nível do aparelho psíquico (diferentemente do desprazer nos sonhos que escapam à angústia-sinal egoica e avançam mais do que deveriam na realização do desejo, ou então nos sonhos de punição em que há satisfação superegoica). Em outras palavras, os pesadelos do meu paciente se localizam além do princípio do prazer.[6] Trata-se de um recurso psíquico mais primitivo, relacionado aos conceitos de pulsão de morte e de compulsão à repetição. Nele, as experiências de excesso da realidade se fazem representar por meio de uma primeira ligação libidinal masoquista com o Eu.[7] A repetição noturna da cena contribui para que esse material possa ser integrado ao aparelho psíquico de representações e memórias.

Uma visão um pouco mais estreita do fenômeno traumático poderia se traduzir em evitar que o paciente desenvolvesse os pesadelos ou qualquer outro tipo de sintoma que remetesse o sujeito ao trauma. É assim que a Psiquiatria muitas vezes se oferece, sugerindo protocolos que sufocam a irrupção do transtorno de stress pós-traumático.[8] Do ponto de vista psicanalítico essa é uma abordagem insuficiente da questão, pois desconsidera que o mal-estar difuso caracterizado pela frieza, pelo endurecimento, pela mecanicidade etc., já correspondem

---

6   Ao longo de sua obra Freud vai recolhendo fenômenos que parecem escapar da lei régia do movimento psíquico inconsciente: o princípio do prazer-desprazer. Os sonhos de angústia, a neurose traumática, a compulsão à repetição no campo transferencial, o jogo *Fort-Da* de seu neto, o brincar das crianças que repetem cenas de um excesso vivencial etc. Em *Além do Princípio do Prazer* ele irá reunir todos esses acontecimentos em torno de um funcionamento mental mais primitivo, e esse esforço teórico resultará no conceito de *Pulsão de Morte*.

7   Em 1991 o psicanalista Benno Rosenberg publica seu livro *Masoquismo Mortífero e Masoquismo Guardião da Vida* (1991). Nele, encontramos a descrição e a articulação teórico-clínica detalhada de um núcleo masoquista do Eu que permite a integração de experiências e a continuidade temporal do mesmo frente a ameaças de desligamento. Temos aqui o masoquismo guardião da vida, que opera de forma a fazer ligações e sustentar certo nível de tensão contra a tendência de experiências traumáticas que esvaziariam o aparelho psíquico.

8   O artigo Prevention of Post-Traumatic Stress Disorder After Trauma: Current Evidence and Future Directions, apresenta o desenvolvimento de tratamentos químicos e anímicos para evitar a formação desse tipo de sintoma. O texto completo pode ser encontrado no link: https://www.ncbi.nlm.nih.gov/pmc/articles/PMC4723637/.

a um primeiro quadro clínico silencioso que poderia se estender por anos. A transformação desse estado de sofrimento indefinido em sintomas localizados (pesadelos) já faz parte do trabalho de elaboração e de integração da massa sensorial estranha ao Eu. Nesse contexto, os pesadelos devem ser comemorados, e não estrangulados, pois são expressão de uma competência analítica mental.

Além disso, a travessia entre o mal-estar difuso até o sintoma masoquista revela a natureza de dois tempos de qualquer excesso traumático — seja um excesso pulsional, seja um excesso da realidade externa. O caso de Emma, descrito por Freud em *Projeto para uma psicologia científica* (1895) elucida a questão. Emma era uma paciente de cartoze anos quando procurou ajuda por um sintoma de inibição para conseguir entrar sozinha em lojas. Aos poucos, sua análise levantou o recalque sobre duas memórias fundamentais para a compreensão do caso. Aos oito anos ela havia sido abusada por um vendedor em uma confeitaria — este havia passado as mãos por sobre a roupa em sua região genital. Emma não pôde dar significado a essa investida, e ainda voltou a essa loja uma outra vez. Depois, aos doze anos, entrou numa loja e disse que dois vendedores estavam rindo dela. Sua reação foi um susto repentino associado à atração sexual por um deles, o que marca o início de suas inibições. Assim, podemos observar que o significado do abuso sofrido aos oito anos só pôde ser entendido de forma mais ou menos consciente aos doze anos, quando o amadurecimento sexual da puberdade começava a lhe sugerir essa chave de tradução. Ou seja, a experiência de um excesso sexual aguardou em silêncio por quatro anos, até que pôde ser compreendida no segundo tempo do trauma. Nesse momento o patrimônio de traços mnêmicos ganha uma nova camada de sentidos e se reorganiza. Uma vez que esses novos sentidos são incompatíveis com certas Ideias do Eu, o mecanismo de recalque é conjurado e se produz o sintoma neurótico — formação de compromisso entre diferentes regiões da anatomia psíquica.

Numa séria etiológica complexa, fatores externos e internos se misturam diante de uma vivência traumática. Não foram todos os profissionais de saúde da equipe de meu paciente que desenvolveram o mesmo sintoma, ou mesmo que desenvolveram qualquer sintoma. Também vale mencionar que a visão dos pacientes pronados tocou em um largo complexo inconsciente deste analisando em particular, envolvendo representações infantis que enlaçam a vida sexual e a morte. Aqui voltamos mais uma vez à metáfora da luz que ofusca. Se olharmos somente para a tragédia externa, deixaremos de observar a Tragédia interna (grega) que envolve a pulsão sexual e seus representantes em fantasia. Ambos os elementos são potencialmente excessivos e traumáticos frente ao despreparo e desaviso do Eu. Mais uma vez: seja por pandemia, guerra, acidentes de trem etc., não há experiência traumática que seja puramente externa. Algo parece sempre envolver a psicossexualidade infantil perversa e polimorfa.

Nos últimos meses tenho participado na organização de plataformas de atendimento psicológico e psicoterápico emergencial a profissionais que atuam no sistema público de saúde. É o caso da *Rede SBPSP: Escuta psicanalítica aos profissionais de saúde*, ligada à Sociedade Brasileira de Psicanálise de São Paulo, e do *COMVC-19* — programa formulado pelo Instituto de Psiquiatria do Hospital das Clínicas para atender profissionais da mesma instituição que atuam na linha de frente do combate ao vírus. Em contato com colegas psicanalistas de diversas práticas e instituições, todos parecem concordar que a clínica do trauma ocupa e ocupará uma boa parte de nossos atendimentos nos próximos meses. As UTIs, os pacientes pronados, as mortes sem funeral etc., continuarão a se ligar a complexos infantis inconscientes e a exercer efeito de sobrecarga psíquica na singularidade de cada paciente atendido. No entanto, talvez o conceito de Trauma também possa vir a operar como uma luz clara demais, uma luz do meio-dia que impeça a observação de outros fenômenos clínicos. Onde estariam nossos pontos cegos?

Há algumas semanas tive contato pela internet com uma "Carta aberta aos psicanalistas", assinada por colegas de outros continentes: Marcus Coelen, Patricia Gherovici, David Lichtenstein, Evan Malater e Jamieson Webster. Eles escrevem:

> *Quando o desconhecido da situação é tão forte, nós encontramos o impulso a formar narrativas que criam certeza. Essas narrativas caem bem com os "conselhos de saúde mental" insossos distribuídos por toda a parte: não se isole muito, leia as notícias mas não leia em excesso, lave suas mãos mas não as lave em excesso, esteja em contato com outros mas use também o tempo para autorreflexão, prepare-se mas não se esqueça da diversão. Como sempre, a verdade mal se articula no primeiro round de nossas vitórias pírricas a respeito do nosso papel na crise. Nós não deixamos muito do espaço que se abriu, aberto. [...]*

> *E mesmo assim, contra a narrativa predominante do trauma e dos perigos do isolamento, nós encontramos muitos pacientes que estão indo bem, ou até mesmo melhor; aqueles que gostam do caos externalizado, ou aqueles cuja melancolia é aliviada pela proximidade da morte e da repreensão; aqueles que estão acostumados a ficarem sós e que encontram continência e coerência de sua tristeza e ansiedade na força pervasiva de um vírus que desliga tudo. Nós ouvimos falar daquelas pessoas que anseiam para que tudo seja cancelado, que a vida como nós a conhecemos seja pausada, silenciada e interrompi-*

da, até mesmo a ponto de ousar expressar seus desejos, em fantasia, de ser um dos afetados, ou seja, infectado. Muitos admitem que estão se sentindo estranhamente bem — sem o "medo de ficar de fora" — e há até mesmo alguns que estão ansiosos para poder aproveitar a detestável realidade de que o vírus afeta a todos, ricos e pobres. Para além disso, parece restar muito pouco que valha a pena dizer. Alguns pacientes absolutamente não falam em sessão, indicando que eles estão falando o tempo todo, como no movimento acelerado das mídias sociais. Sintomas que, apesar dos diversos rasgos no tecido da realidade, persistem, por vezes de forma cega e surda; o sentimento é desolador. A continuidade do contato clínico pode ser importante, mas talvez apenas para fazer saber que o analista ainda está lá.[9]

Assim, observamos que a narrativa da clínica do Trauma faz sentido e tem seu lugar reservado em diversas práticas clínicas hoje e nos meses que virão. Por outro lado, o comentário provocador supracitado recupera uma região de penumbra clínica que soa bastante verossímil, e que se apresenta cotidianamente para quem tiver olhos para ver e ouvidos para ouvir. Nesse ponto, a ideia apresentada de Trauma psíquico se torna insuficiente para esclarecer os acontecimentos clínicos descritos. Para ampliar nossa escuta, seria necessário alcançar em nosso ferramental metapsicológico outros conceitos

---

9 A carta circulou em diversas mídias sociais, e uma busca simples do nome dos autores parece suficiente para encontrá-la rapidamente no *Google*. O trecho citado nesse artigo é uma tradução de minha parte, direto da versão original em inglês. A expressão "medo de ficar de fora" é a tradução de uma entidade clínica contemporânea denominada *FOMO* (*Fear of Missing Out*) descrita como "apreensão pervasiva que outros possam estar tendo experiências prazerosas das quais alguém seja deixado de fora".

como a Identificação Projetiva e a Inveja kleinianas, a Melancolia, o Sentimento de Culpa Inconsciente, a Reação Terapêutica Negativa, a Neurose de Destino, Pulsão de Morte etc.

E para além de todos esses fenômenos que de uma forma ou de outra tendem ao campo da psicopatologia psicanalítica, temos ainda um comentário de Freud a respeito daqueles que não adoecem em épocas traumáticas devido a outras tendências inconscientes. No texto *Memorandum sobre o tratamento elétrico dos neuróticos de guerra* (1920), apresentado a uma comissão do Ministério de Guerra Austríaco, ele descreve os motivos que contrabalanceiam as tendências ao "adoecimento": *ambição, autoestima, patriotismo, o hábito de obediência e o exemplo dos demais.*

No conjunto desses fatores, gostaria de destacar sua relação com o conceito de Ideal do Eu. No "hábito de obediência" e "exemplo dos demais" é possível vislumbrar uma relação de adesão arreflexiva a algum princípio, o que traz a possibilidade de organização psíquica e social ao custo de uma diminuição da liberdade do pensamento. Ou seja, é possível obedecer a recomendações de instituições e do estado com ou sem a reflexão crítica dessas injunções. Por outro lado, encontramos na "ambição", na "autoestima" e no "patriotismo" a possibilidade de se inscrever junto a algum Ideal do Eu menos pela moralidade do que pela ética. Em outras palavras, trata-se da capacidade de pensar sobre as recomendações oficiais e de poder construir uma narrativa singular para si nos tempos de crise; algum lugar singular que contribua para o desejo do sujeito e também para o todo de nossa sociedade. Na vida que se vive é possível notar que tal distinção não se faz tão exata, não existem os purismos, e somos apresentados a formas mistas nas quais uma ou outra tendência predomina ao longo de um certo período. Em tempos de pandemia como este, pululam exemplos de ambos os tipos da relação do Eu com os seus Ideais.

5.

Por fim, resta o exame da luz que emana das telas do *Zoom*, do *Skype*, do *Hangouts*, do *Houseparty* etc. Somos forçados a viver a telepsicanálise, acontecimento que até pouco tempo atrás era visto como um grande crime ou pecado da prática psicanalítica em certos círculos. E, no entanto, a experiência vivida nos mostra que as proibições morais e institucionais encobriam uma série de acontecimentos complexos. E como não seria assim? Uma vez online, rapidamente observamos que não se trata apenas do clichê de conhecer a decoração ou os animais de estimação nossos ou de nossos pacientes, mas de todo um novo universo de eventos que se abre para a reflexão metapsicológica.

Do ponto de vista objetivo, trabalhar por telefone ou pela internet traz mudanças a partir do reino do sensório. Poderíamos discutir aqui se as mudanças sensoriais também produzem transformações em instâncias mentais mais profundas. Por exemplo, uma criança que não escuta não consegue se desenvolver, e sua inibição pode ser confundida com o autismo. No entanto, essa discussão nos levaria longe demais. Por ora, talvez seja suficiente dizer que caracterizar tais mudanças sensoriais essencialmente como perdas (por exemplo, perda das texturas, dos cheiros etc.) soa como uma reação melancólica frente ao novo cenário que se apresenta. Isso porque se perdemos de um lado, por outro pode haver ganhos de percepção inesperados. Por isso, a mudança no sensório deveria ser discutida como metáfora, e não como coisa-em-si. Talvez alguns exemplos clínicos possam contribuir para a discussão.

Uma primeira paciente parece confirmar o pessimismo e a desconfiança que rondam as novas configurações de enquadre. Para ela, atravessar o trânsito da cidade para vir até as sessões continha uma espécie de ritual imbuído de simbolismo, a saber, a travessia de sua realidade concreta, imediata, para dentro de seu mundo interno. Em análise, um dos personagens centrais de suas associações era seu filho, figura que servia como tela de projeção para inúmeras fantasias e identificações inconscientes da mesma. Ela só falava dele, mas ao fundo dele era sempre possível reencontrá-la em algum elemento desconhecido ao seu Eu. "Ele tem muita dificuldade de usar a imaginação", "Ele deve ter muito medo de crescer", "Às vezes eu acho que ele tem vontade de morrer, fico muito angustiada" etc. Quando tentamos fazer as sessões por vídeo, a primeira diferença que notei foi justamente o desaparecimento dessa criança em sua fala. Ao mesmo tempo, era sensível a perda de fluidez em nossa interação, uma vez que a realidade do vírus invadiu o horário e se espalhou por todo o lado.

Aqui, o conto de Ballard sobre Maitland e suas cegueiras serve como analogia precisa. O filho da paciente em questão estava mais perto do que nunca — para ser exato, ele estava no quarto ao lado — e era justamente esse fato que se impunha sobre o outro filho, um filho-brinquedo que foi sendo construído lentamente ao longo do fio transferencial e sobre o qual se apoiava boa parte de sua análise. Mesmo com o isolamento acústico necessário à privacidade, ela não conseguia mais criar a distância necessária entre os dois meninos. Nesse caso, a perda do sensório físico mediou a perda do sensório psíquico, fechando o espaço necessário para abertura do olho interno. O ambiente físico do consultório era o suporte real para um outro consultório — um que era habitado pelas fantasias e demais representantes pulsionais da psique da paciente. Tratava-se de um ambiente com luz e sombras, mistura que favorecia o desabrochar do processo analítico. Por outro lado, o seu quarto estava demasiadamente claro pela forte luz da realidade concreta. Foi essa a luz que carbonizou os elementos da realidade psíquica. Sem o lusco-fusco da sala de análise, a metáfora desnaturou em literalidade.

No próximo caso observaremos o negativo desse filme. Estamos diante de uma paciente que mesmo no consultório e antes da pandemia falava a respeito de si pela enumeração de uma série de ações objetivas, focadas essencialmente nos eventos que lhe passavam. O que me chamava a atenção em suas frases era a ausência de qualquer nuance que se aproximasse um pouco mais de uma vivência subjetiva. Tudo que saía de sua boca era marcado pela função referencial da linguagem, e ela vivia como se estivesse numa página de jornal. A partir dessa minha primeira associação contratransferencial, a próxima seria uma poesia de Manuel Bandeira, *Poema tirado de uma notícia de jornal* (1925):

> *João Gostoso era carregador de feira livre e morava no morro da Babilônia num barracão sem número.*
> *Uma noite ele chegou no bar Vinte de Novembro*
> *Bebeu*
> *Cantou*
> *Dançou*
> *Depois se atirou na lagoa Rodrigo de Freitas e morreu afogado.*

O trabalho poético desses versos apresenta justamente a redução da linguagem ao seu caráter informativo, redução que também é acompanhada na perda de espessura subjetiva de seu protagonista. Seriam essas marcas da vida moderna? Nesse sentido, podemos observar a informação positivada ao máximo, nua, dura, despida de qualquer negatividade, de qualquer metáfora ou analogia, mais pornográfica do que erótica. Assim, a memória do poema modernista marcou uma primeira transformação contratransferencial de nosso estar-na-sessão, e isso trouxe alguma abertura ao trabalho. No entanto, o foco narrativo-informativo ainda predominava, o que tornava difícil investigar os elementos envolvidos na sua queixa principal: um estado de angústia que levava a um comer compulsivo ligado à sua dificuldade de perder peso. E então, irrompeu o coronavírus, e com ele a telepsicanálise.

Com isso, a paciente passou a fazer as sessões em um ateliê que tinha em sua casa, algo do qual eu nunca ouvira falar, assim como não soubera até ali de seu gosto por aquarelas. Agora ela fazia as sessões junto a sua obra, o que lhe produzia um sentimento de bem-estar e liberdade. Toda a mudança tinha um efeito inacreditável, e eu me perguntava para onde havia ido toda a objetividade e o pragmatismo que permeavam suas narrativas sobre a vida. Não que eu sentisse saudades daquela fala endurecida, mas me preocupava o sumiço de uma formação sintomática tão importante. Foi então que em uma sessão qualquer — em meio a interrupção mundial do nosso cotidiano — surge a figura de uma avó paterna até então desconhecida para mim.

– *Sabe, toda essa situação com o coronavírus é o desafio que a nossa geração tem que enfrentar, assim como os nossos avós enfrentaram a guerra.*

– *Seus avós enfrentaram a guerra?*

– *Sim, não te falei? Minha avó veio para o Brasil fugindo da guerra. Ela passou muito perrengue, foi muito pobre, teve que trabalhar a vida inteira pra comer e ter onde morar, e depois pra poder cuidar do meu pai também. Eu me lembro de pequena de quando ela ainda era viva, adorava ver todo mundo comendo, acho que era porque ela ficava aliviada de ver que não ia faltar comida como naqueles tempos de pobreza.*

– *(lembrando do seu sintoma em torno do comer) Ver as pessoas comerem aliviava?*

– *Muito! Quando eu era pequena ela ficava me empanturrando de comida. Eu nem estava mais com fome, mas ela gostava tanto de me ver comer que eu comia, rs... (introspectiva por alguns minutos)... será que isso tem a ver com minha compulsão?*

– *Talvez?*

– *Acho que sim...coitada, nem sei como deve ser quando você tem que sobreviver...*

– *(Penso comigo mesmo: não deve sobrar espaço nenhum pra aquarelas ou poemas. A única coisa que importa é poder ter um trabalho pra comer, dormir e sobreviver).*

Essa vinheta pode ser pensada em torno da elaboração de uma identificação que estava sendo agida (*Agieren*).[10] A representação psíquica da vida-de-perrengue-de-sua-avó estava infiltrada em pelo menos três lugares distintos. Em seu sintoma de comer compulsivamente; no seu trabalhar também compulsivo; e no sintoma transferencial contido em sua fala — a perda da espessura da vida subjetiva frente à pressão por sobrevivência material. O poema de Bandeira começa a operar o trabalho de reconstrução analítica, mas o fator decisivo para a continuidade dessa tarefa parece ser o perrengue global anunciado pelo surto de Covid-19. Dessa forma, a paciente vai deixando de atuar a identificação com a miséria de sua avó paterna para poder simbolizar o mesmo conteúdo por meio da fala. As sessões por vídeo trazem mais um passo decisivo, pois ajudam a exibir diretamente o ateliê e suas aquarelas, aspectos de sua vida anímica que foram sequestrados pela elaboração do sintoma em questão. Temos aqui uma das grandes orientações técnicas da Psicanálise: a travessia do Agir (polo motor) rumo ao Pensar (polo psíquico).

Pergunta-se: mas todo esse trabalho de construção e elaboração de tal núcleo não poderia ter encontrado um caminho no trabalho presencial? Eu acredito que sim, mas nesse caso o que chama a atenção é o fato de a telepsicanálise não ter obstruído esse processo,

---

10 A discussão que se segue é largamente apoiada sobre as ideias do *Recordar, Repetir, Elaborar* (1914) de Freud, e o desenvolvimento da técnica psicanalítica a partir do princípio da *compulsão à repetição*. Além disso, também entra em jogo o instrumento da reconstrução de elementos recalcados e cindidos, como descrito no *Construções em Análise* (1937).

pelo contrário. Quando chegou a pandemia e as sessões online, a compulsão à repetição dessa dinâmica já se arrastava há muito tempo, sendo que a abertura aconteceu de forma abrupta e inesperada. Além disso, seria possível argumentar que o decisivo nessa virada não foi a internet, mas sim a situação global de pandemia — este sendo o elemento que se ligou mais diretamente à vida de privação da avó. Assim, se se tratasse de uma outra pandemia que permitisse o contato físico e sua vinda ao consultório, todo o trabalho teria seguido exatamente da mesma forma. No entanto, já não sei dizer o quanto que a pandemia abriu o espaço do ateliê e o quanto que o espaço do ateliê favoreceu a psiquização da vida de sobrevivência de seus antepassados. Acho provável que ambos tenham ocorrido de forma concomitante e se favorecido mutuamente. De qualquer forma, a internet parece ter catalisado o processo psicanalítico.

O que distingue os dois casos apresentados parece ser a relação de nossa nova realidade com o órgão sensorial psíquico. No primeiro deles, a paciente perde a sala de análise e, com ela, o instrumento de percepção interna vai se embotando. No segundo, a atrofia do olho interno já se revelava na crueza dos sintomas compulsivos e na relação transferencial. A chegada do vírus e a mudança para o ateliê permitiram que o órgão sensorial se desenvolvesse e esculpisse símbolos psíquicos mais sofisticados — sendo que estes se prestavam mais ao trabalho do pensamento do que aqueles.[11] Por isso, a mudança de nosso campo de trabalho para dentro da virtualidade deveria ser pensada em torno do impacto que as variações sensoriais físicas têm

---

11 Minha descrição dos elementos mais ou menos pensáveis, e do "órgão de percepção interno" é fortemente influenciada pelo trabalho de Bion em *O Aprender com a Experiência* (1962). Os conceitos clássicos de elementos-beta, função-alfa, elementos-alfa etc., permeiam os casos relatados e o pensamento clínico que pude alcançar com tais pacientes. As ideias contidas nesse livro são decisivas para a argumentação sobre a "luz do meio-dia", tanto em suas expressões clínicas como sociais.

sobre nosso órgão sensorial psíquico. O fundamental aqui parece ser a capacidade de metaforizar o fisiológico. É apenas no exame da inter-relação entre ambos que poderemos vislumbrar qual será de fato o novo horizonte de nosso querido ofício.

São Paulo, 24 de abril de 2020
45º dia da pandemia.

2. Esboço de uma metapsicologia para a vacina[1]

Como se tornou um triste hábito dizer, vivemos hoje no Brasil ao menos duas crises. A primeira, sanitária, provocada pela pandemia do SARS-CoV-2. A segunda, política, na qual o atual governo trabalha ativa ou passivamente contra os instrumentos de combate à Covid-19 e em favor da desinformação dos brasileiros. Em diferentes camadas de nosso povo, muitas vezes ainda encontramos hesitação sobre o papel fundamental da máscara, álcool gel e distanciamento social, sobre a falta de evidência científica de tratamentos precoces e a respeito do valor da vacinação. Sem surpresa, o surto de desinformação atinge de forma mais contundente as pessoas mais pobres e à margem de nossa sociedade. Em pesquisa recente, parceria do DataFavela com o Instituto Locomotiva, números impressionantes revelam a força da irresponsabilidade pública associada às *fake news*. Entre homens e mulheres moradores de favelas nas cinco regiões do país, 53% teme que a vacina não faça efeito, 31% tem medo de se infectar com o imunizante e 22% acha que a vacina pode alterar o DNA ou instalar um microchip no organismo.

---

1 Publicado do Observatório Psicanalítico em 8/5/21.

Se isso já não fosse grave o suficiente, o ato de vacinação ainda enfrenta outros obstáculos em nível metapsicológico, que ampliam e agravam os efeitos de tais crises. Digo isso, na medida em que a vacina, não apenas do ponto de vista imunológico, mas também daquele dos processos inconscientes profundos, muitas vezes representa uma alteridade ao Eu. Há dois principais fatos que parecem contribuir para isso. O primeiro é a própria natureza da vacina que, de uma forma ou de outra, é sempre derivada do próprio vírus, um não-Eu por excelência. O segundo é a possibilidade de que a perfuração seja percebida não só objetivamente na pele, mas também subjetivamente no esquema corporal egoico — quando um elemento alienígena será injetado para dentro de mim. Nesse ponto não se trata apenas do desprazer provocado pelo agulhamento, mas da ideia de que a inoculação pode representar, em fantasia, um ataque à integridade do Eu. No plano consciente, o Eu corrompido em suas fronteiras é representado como aquele cujo DNA foi alterado, ou onde um microchip foi instalado. Assim, se a vacinologia está apoiada na ciência e no princípio de realidade, no plano da fantasia inconsciente, muitas vezes descobrimos a ideia de um cavalo de Troia viral. Quando nos vemos nesses lugares de maior regressão, a vacina deixa de ser uma alteridade que pode aguçar e especializar meu sistema imune. Ela agora ressurge como alteridade-persecutória que será inserida para me destruir por dentro. Se na imunologia a alteridade me transforma e me amplia, no campo do narcisismo primário ela me invade, me desfaz.

Como se pode saber a partir da clínica psicanalítica e de sua teorização, a categoria de alteridade-não-persecutória só pode ser alcançada depois de uma monumental travessia do narcisismo, e sua conquista é sempre provisória. Freud e Klein se debruçaram sobre o tema a partir de pontos de vista diferentes e complementares. O primeiro, ao final do texto *As pulsões e seus destinos* (1915), nos mostra como o Eu, fechado sobre si mesmo em seu desamparo físico e em suas necessidades pulsionais, é avesso ao mundo externo. A primeira reação de indiferença autoerótica vai dando lugar ao ódio, na medida em que a alteridade se lhe apresenta como experiência de desprazer. Diz Freud:

> O exterior, o objeto, o odiado seriam sempre idênticos no início. Se depois o objeto se revela fonte de prazer, ele será amado, mas também incorporado ao Eu, de modo que para o Eu-prazer purificado o objeto coincide novamente com o alheio de odiado (p. 76).

Aqui deparamos com nosso Eu primitivo. O mais civilizado dos homens convive com um *hater* dentro de si, que está sempre prestes a ser despertado, impelido a promover algum discurso de ódio para proteger sua vulnerabilidade. "Tudo o que é bom/verdadeiro/justo tem origem em mim, sou Eu". Se por um lado esse maciço investimento libidinal narcísico (externo e interno) é fundamental para a "nova ação psíquica", para a estruturação egoica, por outro, trata-se do berço da paranoia, uma vez que nesse lugar não se admite a distinção entre o Eu e a experiência de prazer, e todos são potenciais inimigos.

Nessa direção estamos perto de Klein em seu *Notas sobre alguns mecanismos esquizóides* (1946), em que o princípio do prazer/desprazer vai produzir certezas a respeito da qualidade do objeto. Se há prazer, estou diante do objeto bom. Se sinto desprazer, há um objeto mau, é claro. Eis a posição esquizoparanoide, em que a presença alucinatória do objeto mau também serve ao propósito de hospedar as projeções da minha própria destrutividade. O não-Eu, se objetivamente já não for lá grande coisa, se torna amplamente piorado em seu sadismo e maldade por abrigar os representantes da minha própria agressividade inconsciente. A identificação projetiva é eficaz na medida em que agora vivencio esses elementos por fora, e não mais por dentro. Assim, em meio a tais necessidades de cisão e certeza absoluta, o princípio de realidade luta para se desenvolver. Será tão somente a possibilidade de experimentar algo como desconhecido ou incerto que permitirá surgir a curiosidade e o gesto científico.

Além disso, não é apenas no âmbito da vida inconsciente intrapsíquica e intersubjetiva que encontramos o privilégio do Eu e o enfraquecimento do outro. Alguns pensadores dos fenômenos contemporâneos veem apontando que uma das marcas da pós-modernidade é justamente a erosão da alteridade. Por exemplo, temos o filósofo Byung-Chul Han que em seu *Sociedade do Cansaço* (2010) diz:

> *Hoje a sociedade está entrando cada vez mais numa constelação que se afasta totalmente do esquema de organização e de defesa imunológicas. Caracteriza-se pelo desaparecimento da alteridade e da estranheza. A alteridade é a categoria fundamental da imunologia. Toda e qualquer reação imunológica é uma reação à alteridade. Mas hoje em dia, em lugar da alteridade entra em cena a diferença, que não provoca nenhuma reação imunológica. A diferença pós-imunológica, sim, a diferença pós-moderna já não faz adoecer. Em nível imunológico ela é o mesmo. Falta à diferença, de certo modo, o aguilhão de estranheza, que provocaria uma violenta reação imune.*

Em Freud e Klein, o Eu primitivo é agulhado pela alteridade, o que provoca as reações imunológicas radicais de indiferença, ódio e projeção sobre o objeto mau. Talvez alguns episódios extremados da recente cultura do cancelamento possam ser exemplos atuais de tal descrição. No entanto, hoje não é apenas isso o que se passa. A alteridade parece degenerar em mera diferença — a qual não agulha, não arranha, não transforma. Penso que o fenômeno descrito pode ser observado em nossa relação com as mídias sociais, por exemplo, em aplicativos que nos oferecem sugestões de novos perfis. De fato, ali é difícil sentirmos essa agulhada do outro. Mais ainda, se olharmos com cuidado, muitas vezes poderemos nos encontrar ao fundo de alguns perfis, pois estamos constantemente sendo lançados na direção de quem já somos. Ao adicionar um novo perfil, é comum descobrirmos informações que já sabemos, ideias que já pensamos e sentimentos que já sentimos. Mais uma vez se sente a falta da alteridade, cujo toque produz incômodo, atrito, agulhamento e mudança.

Como citado no início, a agulha da vacina que injeta partes do SARS-CoV-2 e que faz com que nosso sistema imune seja transformado é um modelo para o contato com a alteridade. Existe agulha e contato com o não-Eu. Somos transformados, e, muitas vezes, há alguma reação imunológica febril que indica o trabalho e o sofrimento implicados nesta transformação. Pelo contrário, os rostos dos perfis sugeridos pelo Instagram não provocam nenhum agulhamento, nenhuma reação imune, pois neles encontramos apenas a diferença ou o Eu-mesmo, disfarçados de alteridade. As faces do *Facebook* (livro de faces) muitas vezes não são faces de alteridade, não contém atrito, são lisas como as telas dos celulares. Elas nos oferecem uma solução de continuidade com o Eu, sem picada, sem reação imune ao não-Eu, sem reação febril. O *Facebook* deveria se chamar Mirrorbook, metonímia do labirinto de espelhos por onde vagamos. O sujeito narcísico pós-moderno não consegue estabelecer limites claros entre o si-mesmo e o outro, ou entre o si-mesmo e o mundo. Ele perambula de projeção em projeção, nunca encontrando nada a não ser o Eu-mesmo por todos os lados, e se perde dentro de si. Como nos diz a colega Helena Cunha di Ciero Mourão em seu artigo *Ilusão: o perigoso fio que nos conecta mesmo sem Wi-Fi*, neste ponto é útil lembrar que vivemos numa época em que se morre tirando *selfie*, uma atualização do mito no qual Narciso se afoga no lago, apaixonado por si mesmo. Se antes o espelho era de água, agora ele é feito de cristal líquido, nas telas dos smartphones.

Como se vê, a vacina, enquanto modelo de alteridade ao Eu, encontra diversos tipos de resistência. A camada mais primitiva de nossa vida mental inconsciente conspira a todo momento contra o não-Eu. A sociedade na qual vivemos faz desaparecer a alteridade e a estranheza. As crises, sanitária e política, contribuem de forma passiva ou ativa para aprofundar tais processos. Uma vacina não é o desaparecimento do outro, mas sim uma transformação subjetiva a partir do contato com partes de um outro. Quando a alteridade se encontra enfraquecida, o Eu se espalha como uma mancha de óleo no oceano, e com frequência temos apenas reações imunológicas radicalizadas ao outro. Será apenas na medida em que pudermos nos sensibilizar para essas questões — tomando conhecimento de nossos desejos e tendências a eliminar o não-Eu — que talvez possamos nos abrir para a alteridade, seja nas relações humanas, seja no ato de vacinação.

3. Um mal-estar na civilização digital[1]

Introdução

Quando eu era menino muitas vezes assisti em casa, na *Sessão da Tarde*, a um filme chamado *A História Sem Fim*. Ali se contava uma história dentro de uma história, na qual o garoto Sebastian, em luto pela perda de sua mãe e confrontado com a dura realidade da vida, se refugia no porão de uma biblioteca para ler um volume de mesmo nome do filme. Cercado por estantes repletas de livros antigos e protegido da metafórica chuva que cai lá fora, ele mergulha na trama das palavras e descobre o fantástico reino de Fantasia. Trata-se de um mundo próspero e mágico, habitado por criaturas incríveis, mas que está morrendo devido ao avanço do vilão — o Nada. A imperatriz-criança — líder do reino — também se encontra doente e ameaçada de morte, símbolo da destruição provocada pelo personagem que me marcaria para sempre. No desenlace final, Sebastian começa a ser puxado para dentro da realidade do texto que está lendo, e as duas histórias começam a se confundir. A imperatriz-criança agora se dirige

---

1 *Trabalho apresentado em reunião científica na SBPSP em junho/2021.*

diretamente ao leitor, e lhe pede encarecidamente que acredite que ele também é parte da história, e que se Sebastian lhe der um novo nome, o Nada será derrotado. O menino não consegue acreditar em seus olhos pois, de repente, o livro do qual era um mero leitor lhe propõe protagonismo. Atônito e angustiado, diz em voz alta: *Isto é uma história! É só uma história!* E enquanto sua perplexidade aumenta, o Nada avança sobre a torre da imperatriz, colocando sua vida em risco imediato. O garoto permanece incrédulo, e assiste o Nada fazer uma travessia da terra de Fantasia para a o seu próprio livro, que agora começa a ser apagado. Ficção e Realidade não mais se distinguem. O Nada vai tornando as letras opacas até apagá-las completamente, e logo restam apenas páginas em branco. Desesperada, a imperatriz faz um último apelo a Sebastian, que dessa vez acredita, acredita no Nada, acredita nos personagens, acredita ser ele também um dos personagens com efeito real sobre a história. Ele corre até a janela e grita em direção à chuva, que agora se tornou uma violenta tempestade, e oferece novo batismo à menina: *Moon child!* E assim o Nada recua e ela sobrevive, assim como todo o seu reino e seus habitantes. Fantasia volta a existir.

Lembro vivamente como este vilão em particular, o Nada, me provocava uma angústia diferente daquela que emanava de outros vilões da época. Ele não tinha um corpo, um rosto, crueldade e nem mesmo um projeto de poder. Ele era apenas o apagamento impessoal e sem sentido de Tudo, de tudo o que era vivo, de tudo o que tinha significado, de tudo aquilo em que podemos acreditar. E me era ainda mais estranha a ideia de que tal força destrutiva pudesse ser freada pela crença de uma única criança humana, de sua capacidade de acreditar que uma outra criança-fantasia tivesse um novo nome. Talvez hoje em dia tudo isso ainda me provoque fortes emoções: medo, desamparo, esperança, amor. Hoje aquele menino que fui-sou encontra diálogo com o adulto em sua trajetória psicanalítica. O Nada ganhou outros nomes. Penso que ele também atende por pulsão de morte, desligamento libidinal, desobjetalização etc. Mas para além das novas traduções, algo da experiência de angústia frente ao Nada permanece intacta, como quando assisti ao filme pela primeira vez. Será que ainda o assistiria muitas vezes desde então pelos mesmos motivos com os quais o neto de Freud brincava de *Fort-Da* com seu carretel?[2] Por excelência, nada parece ser mais traumático do que o Nada, pois ele é puro desligamento psíquico. Se a resposta for afirmativa, pelo menos a tradicional repetição dos filmes na *Sessão da Tarde* poderia ter favorecido a compulsão à repetição psicanalítica, na sua tentativa paciente de ligar representações de coisa a representações de palavra, em nossa indústria interna de elementos oníricos.

Hoje sei que o filme foi baseado num livro escrito pelo autor alemão Michael Ende. Enquanto escrevo estas linhas me ocorre a ideia de que toda sua rica e criativa construção literária possa ter se dado ao redor da experiência de vazio dentro do próprio escritor, um se agarrar à vida e à criação como resposta ao Nada dentro e fora de si. Mais ou menos da mesma forma como um sonho se estrutura ao redor de um ponto de vazio irrepresentável, o umbigo do sonho. Sem Nada, não há Tudo — será que poderia ser assim? Será que estou me projetando na figura do autor? Ou será que isso faz parte de alguma apreensão a respeito de meu paciente?

Creio que esse seja o momento de dizer que todo esse conjunto de memórias me visita quando estou diante de Atreyu, meu paciente.

---

[2] O fenômeno da repetição no brincar infantil será comparado por Freud em 1920 com os sonhos traumáticos e com a reedição insistente de dinâmicas transferenciais na clínica. Esses acontecimentos serão situados para *Além do princípio do prazer*, em que o desprazer não se traduz prazer em nenhuma outra parte do aparelho psíquico. A compulsão à repetição será pensada como expressão da pulsão de morte, mecanismo psíquico mais primitivo do que a busca de prazer/evitação do desprazer. Trata-se de um mecanismo que é convocado pelo sujeito quando exposto ao excesso traumático, seja interno ou externo. Desse ponto de vista, a repetição não obedece ao princípio do prazer, mas ao novo imperativo de fazer novas ligações para poder simbolizar e integrar o não representado.

E provavelmente escrevo este trabalho como esforço de escapar do Nada que domina suas sessões, e que encontram ressonância dentro de mim. Curiosa a ideia de que a evocação de minhas memórias infantis em boa parte de suas sessões marca um avanço na dinâmica de sua análise, pois aqui já se trata de uma tentativa de representar o irrepresentável. Talvez tais memórias se apresentem como um recipiente oco que dá forma ao vazio em seu interior, assim como o significante faz com o Real. Vazio. Nada. N-A-D-A. Percebem como a angústia-do-Nada escapa à nomeação-do-Nada? Uma vez nomeado, ele se torna um pouco menos Nada. O verdadeiro Nada nem poderia ter um nome (menos ainda ser personagem de um livro ou filme). Se tem um nome, já não é tão Nada assim. Mas de qualquer forma, assim é o meu estado psíquico em boa parte das sessões: eu não tenho uma imagem para ver, um nome para ser, um pensamento novo, um espírito para habitar meu corpo etc. E o mesmo parece que se passava com ele. Mas voltaremos a isso mais adiante.

Afundando no escuro

No começo, o vazio e o tédio de Atreyu não se apresentaram de forma tão direta, crua, traumática, não representada. Pelo contrário, eles se mostravam em sonhos, imagens e palavras vivas, já na sua chegada para as entrevistas. Nos primeiros encontros contou um sonho que tem desde criança, sendo que hoje é um rapaz de vinte e poucos anos.

> *Eu estou no meio do mar com o meu tio, ele está me ensinando a surfar. De repente vem uma correnteza e me leva para o fundo. Ele tenta me puxar, mas não consegue, eu vou afundando cada vez mais e vai ficando escuro. No começo eu fico desesperado, tento lutar, mas*

não consigo sair. Depois, aquilo não parece mais ser tão importante assim, e vou afundando no escuro.

Da mesma forma ele se coloca na vida. Atreyu tem enormes possibilidades materiais, afetivas e intelectuais, mas se vê afundando, sem formas de se encontrar com aquele que poderia ser. Já há alguns anos ele deixou de se importar, de lutar, ou mesmo de querer lutar. Mas então por que você me procurou, se simplesmente não se importa mais? Porque algo o incomodou na última viagem em família que fizeram. Ele, os pais e os dois irmãos mais novos estavam passeando pelo Japão. Há anos eles viajam para todo canto do mundo, ficam nos melhores hotéis, fazem os melhores passeios, mas nada disso lhe importa no fundo. No fundo, em suas palavras, eles mais parecem zumbis andando por lugares bonitos. A mãe parece ser um pouco menos zumbi do que os demais, mas por outro lado parece não ver, ou, se vê, não aponta a gravidade do estado em que eles se encontram. No entanto, durante essa viagem pelo Japão algo aconteceu. Talvez pelo ganho de intensidade dos sintomas, talvez por estar no lugar mais distante de sua casa onde já esteve. Um dia, de repente, *ele viu que eles estavam sem vida*. Durante um jantar num excelente restaurante (todo o privilégio material da família parece emoldurar e acentuar a pobreza psíquica do paciente), subitamente seus sentidos se aguçaram, e ele viu que os rostos tinham olheiras e que os corpos estavam sem vida. Perturbado, não quis mais sair do hotel, o que fez com que sua mãe se aproximasse e lhe propusesse ajuda analítica, uma vez que ela mesma era paciente de uma colega. Penso que sua análise começou ali, naquilo que ele viu e não podia mais desver, algumas semanas antes de chegar ao consultório.

Ao longo desses primeiros movimentos entre nós começou a se tornar claro para mim o efeito do sonho narrado sobre nossa situação transferencial-contratransferencial. Minha impressão principal era a de que o sonho se reeditava dentro da sala. As sessões começavam de forma interessante para ambos, ele ia ocupando seu espaço aos poucos e, entre um assunto para outro, de repente se instalava um silêncio, um recuo, como se estivesse afundando, e eu me via tentando lhe puxar de volta para a prancha. Depois disso ele faltava muitas vezes, mais faltava do que vinha, o que ajudava a figurar o vazio. Saindo de minha reserva habitual eu escrevia, ligava, deixava recado, avisava que estaria ali na próxima sessão, e que lhe esperava. Não sei de fato qual o efeito que isso poderia ter. O fato é que eu estava aflito de constatar algo que me parecia grave, e não conseguia me conter em tentar lhe puxar, em tentar lhe despertar do transe zumbi. No entanto, ligando ou não, escrevendo ou não, ele voltava. Uma outra versão dessa dinâmica se dava a partir de uma camiseta que ele usava diversas vezes. Ela tinha o desenho de um barco sem vela, estagnado no oceano. Hoje já não sei se estou recuperando ou produzindo a memória (não é sempre um pouco dos dois?), mas de fato já não me lembro se o barco estava sem vela e se estava mesmo estagnado. Mas talvez o importante seja o fato de que eu o via como um barco estagnado, propenso a ser arrastado para qualquer lado do oceano, e tentava lhe puxar ou empurrar para alguma direção. Assim era estar com meu paciente nesses primeiros encontros.

Apesar de minhas preocupações clínicas e terapêuticas a respeito do grave estado mental que se revelava, o principal ali parecia ser a imposição do processo primário e da fantasia sobre a vida de vigília. Seu sintoma estava tomando coragem e ia nos reorganizando um em relação ao outro em torno de tais cenas e imagens, uma vez que as identificações se soltavam e ganhavam fluidez caleidoscópica. Em um momento ele era levado pela correnteza, e eu tentava puxar. Em outro, eu era aquele levado pela correnteza da apatia, e então sentia ele tentando me puxar de volta. E durante algum ponto desse vai e vem, Atreyu começa a falar sobre a perda de sua avó materna, uma pessoa por quem tinha muito carinho e que cumpria a função de segurar as demais pessoas da família em seus lugares, como que garantisse que seus espíritos continuassem alojados dentro de seus corpos. Os tios e sobrinhos se reuniam semanalmente para almoçar em sua casa, lugar de diálogo, trocas e vivacidade. Nesse ponto surge uma memória que poderia ser entendida como lembrança encobridora.[3] Ele conta de que quando era pequeno ia até a casa da avó para brincar com seus vários primos, todos meninos. A brincadeira era a de que eles estavam à beira de um precipício, e qualquer passo em falso poderia lançá-los para o vazio infinito da queda. Para que isso não acontecesse, tinham que se agarrar ao pilar central da casa. Assim parecia ser a figura da avó, um eixo de sustentação contra o cair para sempre, mais uma vez, agarrar-se a algo vivo para escapar da correnteza do Nada. Para mim, ouvir tal memória me fez pensar imediatamente no sonho inicial e na situação T-CT. Aqui penso ser importante escapar da lógica objetivante do traumático, aquela que poderia atribuir o estado depressivo de meu paciente ao fato da perda da avó. Do ponto de vista psicanalítico, talvez fosse mais proveitoso explorar o interregno entre biografia e fantasia, levando em conta a possibilidade de uma transformar a outra. Acho que a questão ficaria melhor formulada se considerarmos que a fantasia de ser puxado para o fundo do mar, de cair para sempre no vazio, seria uma lente através da qual o paciente enxergava as experiências com a sua avó, assim como sua eventual morte. Por outro lado, os acontecimentos biográficos também poderiam ir servindo como nova matéria-prima para a produção de outros representantes-pulsionais, modificando a lente subjetiva pela qual o mundo era filtrado pela sua percepção. Essa chave de leitura parece corresponder de forma mais fina à estética dos acontecimentos analíticos, por exemplo, a mobilidade clínica da figura-pilastra, que circula entre o tio que tenta puxar, a avó vivaz, o analista preocupado com seu paciente e o paciente preocupado com seu analista.

Seja como for, o paciente também dizia que as viagens dos zumbis começaram pouco depois da morte da avó, e que ele nunca tinha pensado nisso desde que ela morreu. Olhou para seu caixão e não conseguiu sentir nada, e agora começa a chorar na sala enquanto lembra da cena do

---

3 Como propõe Freud em *Lembranças Encobridoras* (1899), a existência de memórias-sonho ou memórias-sintoma, pois são infiltradas pelo processo primário, e sua formação segue o mesmo processo de solução de compromisso das demais formações do inconsciente.

funeral. Ele parece muito mais vivo e saudável quando chora, e eu sinto tristeza de vê-lo assim. Esta também vem acompanhada de um alívio, porque não parecemos estar afundando ou à deriva nesse momento. A avó está sendo lembrada e pranteada. Ela foi enterrada e seu túmulo carrega o signo de sua morte — mas ela não foi tragada pelo vazio. No instante da fala do paciente, ela não foi vitimada pelo Nada, pois seu nome pode ser lembrado e sua falta pode ser sentida.

E então ele falta, falta, falta. Falta.

Quando ele volta, o meu lapso dá início à sessão:

– Oi... *(percebo que esqueci seu nome!)*

– Oi, tô de volta.

– *(tentando não ter um tom de cobrança)* O que aconteceu? Por que não veio no último mês?

– *Ah, sei lá, acho que voltei a fumar muita maconha, morri.*

– Morreu?

– *(risos) É, morri, fiquei cabeçudo, lesado.*

– *(ele parece mesmo cabeçudo e lesado, me pergunto se fumou de novo antes de vir à sessão).*

– *(silêncio, ele parece não ter nada a dizer). Não sei o que dizer...*

– Vamos esperar um pouco, talvez algo apareça.

– *(Depois de alguns minutos, nada aparece, ou melhor, aparece nada)...*

– Notei que você não veio bem depois de que falamos da sua avó. Você tinha ficado triste, chorou, parecia menos zumbi enquanto chorava.

– *Esse mês a água do aquário lá de casa ficou verde. A planta que faz a oxigenação da água morreu, daí juntou tipo um lodo, não dava pra ver mais nada lá dentro, uns peixes morreram.*

– No começo da sessão você disse que morreu também.

– *(depois de um silêncio longo, fico em dúvida se devo puxar ou se espero) Lá em casa a gente janta juntos todos os dias, mas ninguém conversa com ninguém, somos só uns robôs comendo ao mesmo tempo. Minha mãe tenta puxar um pouco o assunto mas acho que a gente não tá a fim de interagir. Ou a gente fica quieto o tempo todo ou fala de qualquer assunto nonsense, só pra preencher o silêncio.*

– Deve ser horrível (a descrição do jantar em família de sua casa me ajuda a nomear o que sinto em estar com ele durante algumas sessões).

– *É horrível mesmo. Bom, Pedro, hoje eu vim pra avisar que não vou mais continuar as sessões.*

– (???) Por que Atreyu?

– *Sei lá, não tenho me sentido bem-vindo aqui, depois das sessões eu fico meio de ressaca.*

– Eu acho que isso acontece porque você vem até aqui e enxerga de novo que tem um lodo, uma morte dentro de você, e que falta oxigênio pra respirar.

– *(choro incontido) Eu não deveria estar assim, tenho tudo na vida e estou assim, não faz sentido. Fico pensando nesses motoboys que ganham R$5 por hora, em quanta gente pobre tem no país que vive na miséria, esses sim têm problemas, merecem essa ajuda muito mais que eu.*

– Você também é pobre e vive num tipo de miséria.

– *(choro se intensifica, e depois vai arrefecendo até o final da sessão). Tchau, até quinta.*

– Até quinta.

Uma primeira ideia, que surge a partir da sessão, é que o paciente havia se identificado com sua avó. Lembrou e pranteou sua morte, e em seguida morreu também. Mas meu lapso a respeito de seu nome dá margem a outras linhas de sentido. Se eu me esquecera do seu nome, por sua vez ele tinha se esquecido do que havia visto desde a viagem para o Japão. Enquanto sua capacidade de percepção-representação da realidade esteve ligada, surgiram os símbolos do lodo e dos peixes mortos, representações do sofrimento do paciente que, embora projetados na realidade externa, favoreceram a reintegração por meio da angústia, da tristeza e do choro. Quando o mesmo aparelho foi desligado,[4] ou projetado em minha direção, as representações sumiram, e se instalou o estado cabeçudo/lesado. Aqui, podemos entender a gíria "lesado" de forma literal. Algo da capacidade de perceber, nomear, simbolizar foi lesado, encontra-se inoperante, o que talvez se relacione com a nova representação da planta-oxigenante-morta. Em outras sessões, o paciente falou sobre o seu *drive* de fotos online no *Google*. Em mais de uma ocasião ele se queixava de que o sistema parava de funcionar "do nada", ficando ele apartado de suas fotos e memórias armazenadas na nuvem. Muitas vezes Atreyu tomava consciência de sua própria apatia e desvitalização por meio dessas fotos, e em algumas ocasiões me mostrava o contraste entre fotos em que estava mais zumbi e fotos em que estava menos zumbi. Possivelmente esse liga-desliga do serviço de armazenamento digital poderia estar sendo usado para simbolizar o próprio liga-desliga do seu sistema egoico de percepção-representação. Dessa forma, a planta-oxigenante poderia ser comparada ao *Google-nuvem* e à percepção-memória-de-si.

Depressão TikTok

Ao longo da análise surgia uma transformação na qualidade da minha experiência subjetiva com o paciente. Isso me fez supor que tal mudança de superfície era acompanhada por mudanças em níveis mais profundos, ou seja, uma provável diferença significativa no

---

4   As sessões do paciente me orientam a descrever uma função egoica encarregada da produção de representações (*Vorstellungen*), fundamento para que possa haver percepção da realidade interna e externa. Penso que tal descrição é fortemente influenciada pelo que Bion detalha como função-alfa em *O Aprender com a Experiência* (1962). Os conceitos clássicos de elementos-beta, função-alfa, elementos-alfa etc., permeia o caso relatado e o pensamento clínico que pude alcançar com esse paciente. Acompanharemos o fio T-CT e imagino que será possível observar momentos em que tal função estará desmantelada.

registro contratransferencial. Uma vez que tal dinâmica se apresentou, é preciso dizer que a anterior não foi superada — ela apenas passou a dividir espaço com o novo cenário, o que tornou a atmosfera das sessões mais heterogênea e multifacetada. A novidade era a seguinte: se antes eu me percebia por vezes apático e desesperançoso — e conseguia refletir sobre o meu estado — agora eu mesmo me tornava um zumbi, um autômato, e não tinha mais capacidade de pensar durante as sessões. Tratava-se de um sentimento horrível. Sendo tal estado muito duro, me via com vontade de desistir do caso, de abandonar o esforço analítico e simplesmente me largar. Saía das sessões derrubado, como se algo de muito grave tivesse me acontecido. Comecei a ter medo das sessões, não queria mais encontrá-lo. Se ele fosse faltar sentia um alívio enorme e ia tomar um café na padaria. Ou então, durante seus horários vazios, me agarrava com força a projetos, ideias, textos, me punha a produzir para escapar da morte. Este trabalho que você agora lê é em parte um produto dessa minha reação. Aliás, o estado de pandemia pelo coronavírus era um importante fator na sobredeterminação e potencialização de tal atitude sintomática de minha parte. Contato com a morte dentro da sessão, contato com a morte fora da sessão, e o desamparado Eu às voltas com a tarefa de sobreviver nos dois planos. Em um desses dias em questão, fui visitado pela ideia de que muitos autores, ao final da vida, aceleram sua produção intelectual, artística etc., como que pisando no acelerador para aproveitar o tempo que ainda há.

Quando ele vinha, não sei o que era mais sofrido: se o silêncio desértico que entrara na sala ou se a presença de uma conversa esvaziada, que falhava em esconder esse novo tipo de aridez. Nas sessões em que vinha fumado, a sinceridade do ataque ao trabalho analítico produzia um pouco de alento, pois isso produzia figurabilidade para a morte intersubjetiva que existia mesmo sem o baseado. Em alguns dias, pensava: "pqp, nós parecemos dois zumbis", e o fato de ter percebido que pude ter um pensamento me aliviou. Considerei:

"se pensei que sou um zumbi, não sou um zumbi. Zumbis não param para refletir que se tornaram zumbis, eles apenas seguem em frente com sua vida pós-humana". Além disso, pensar num palavrão parece que me fez reconectar com algo, possivelmente com o sentimento de raiva? Em algum desses poucos dias, em que isso me aconteceu em meio ao tédio que se repete infinitamente, eu disse:

– *Cara, estou aqui olhando meu rosto e o seu rosto nas janelas do Zoom, estamos parecendo dois zumbis.*

– *(um pouco mais acordado) Nossa alma foi embora, está no limbo.*

– *No limbo?*

– *(pouco a pouco, não mais zumbi, me ensinando algo pelo qual parece se interessar) Sim, as almas do limbo estão presas, foram esquecidas por Deus e por todo mundo. Você vai para o limbo se não tiver sido condenado ao purgatório ou ao inferno, e se ainda não foi purificado do pecado original. Por exemplo, a alma das crianças que morreram antes de serem batizadas vai para o limbo. E as pessoas que morreram antes da chegada de Jesus também vão para o limbo.*

– *(impactado pelo que escuto, lembro das minhas aulas de catecismo, penso na tragédia de crianças morrerem antes do batismo, imagino quantas pessoas e quantas gerações já viveram e morreram desde o ano 1 a.C.; sinto meu corpo, minha alma volta do limbo)*

– *(ele me surpreende com sua curiosidade, quase nunca me dirige perguntas) Você tem Instagram?*

– *Tenho.*

– *Já te aconteceu de ficar olhando o feed e sentir que sua alma foi pro limbo? Pra mim isso acontece bastante, fico lá passando o dedo pra cima, vejo um monte de coisa legal, mas daí passam três horas e eu nem sei onde eu tava, é estranho.*

– *Sim, já senti isso também.*

– O pior é o TikTok[5], você nem precisa apertar o play, é só ir passando e o vídeo já vai tocando. Você fica lá preso, sendo entretido. Já fiquei umas cinco horas seguidas assim, acredita?

– Acredito.

– Acho que tenho uma depressão TikTok.

Toda a sequência dessa sessão me deixa bastante intrigado. Em primeiro lugar, porque partíamos do mesmo ponto traumático, a repetição insuportável do estado zumbi, em que parecíamos televisões fora do ar. Depois, pela capacidade simbólica do paciente em torno do tema do limbo, e minha ressintonização com ele e comigo mesmo quase que imediata ao ouvi-lo falar sobre o tema. Por fim, e talvez sobre isto incidiu a maior parte de minha curiosidade, foi sua resposta associativa em direção ao campo do mal-estar na civilização digital, quando o paciente falou sobre o *Instagram* e o *TikTok*. Atualmente esse tema ocupa boa parte de meu interesse científico,

---

5 *TikTok* é um aplicativo para celulares que permite criar e compartilhar vídeos curtos de até um minuto. Ele foi desenvolvido por uma empresa chinesa em 2016. Dentro dele, sempre há um vídeo tocando automaticamente, em *looping*. Se você gosta do mesmo, continua assistindo até o final, e pode vê-lo repetidamente – quantas vezes quiser. Se não gosta, basta passar o dedo para cima que um novo lhe será apresentado. A ideia do aplicativo é perceber por quanto tempo nós assistimos a cada vídeo para que seu algoritmo possa identificar nossas preferências. A partir desse perfil que vai sendo criado, somos apresentados a uma seleção de vinhetas que tem a intenção de nos manter ligados à tela pelo maior tempo possível. Em meio a isso, nossa personalidade, pensamentos e sentimentos vão sendo aprendidos pela inteligência da máquina, de forma a nos veicular a venda de produtos que de fato nos interessam. Assim, a previsão de quem somos e do que nos interessa vai saindo do campo da arte e passando para o campo da ciência de dados. Sugiro que os colegas instalem o aplicativo para sentir na pele do que se trata. Muitos de nossos pacientes passam bastante tempo nesse tipo de atividade, e parece comum o silenciamento sobre o tema. Aliás, o número de usuários desse tipo de mídia digital é impressionante. O *TikTok* deve atingir 1 bilhão em 2021, enquanto o *Instagram* já conta com 1.2 bilhões de perfis ativos.

e tenho estudado a relação da psicanálise com tais mudanças em nosso tecido cultural junto a um grupo de colegas nos últimos meses. Tive a impressão de que o paciente intuiu que isso me despertava, e exerceu alguma sedução sobre mim. Uma sedução de vida e para a vida, para nos devolver a alma que estava aprisionada no limbo. Ou será que fui eu quem exerceu sedução sobre ele, puxando-o para dentro de si por meio de indicações inconscientes de que tenho interesse por esse tema? Não sei, mas, seja como for, nossa alma foi temporariamente reencontrada, recuperamos nossos nomes de batismo, e este texto continua a ser escrito.

Pretendo discutir mais adiante o favorecimento da morte psíquica por alguns tipos de tecnologia e de capital que buscam engajar seus usuários por horas e horas a fio na vida online, custe o que custar. Por ora acho suficiente deixar indicado que há uma lógica econômica e outra de design de aplicativos que parecem incitar a "depressão *TikTok*". Do ponto de vista de tais pressões culturais sobre o sujeito, realmente não importa onde está sua alma, desde que continuemos a abrir o smartphone, deslizar pelo *feed* de conteúdos, produzir todo tipo de informações que alimentam seus algoritmos e consumir os produtos propostos — confirmando previsões acuradas a respeito do nosso futuro. Há um novo pecado original no mercado, e o limbo vai aumentando sua população.

Mas antes do estudo sobre o cruzamento entre sintomas clínicos e sintomas culturais, há um modo de se pensar o estado de desvitalização do paciente por dentro do complexo edípico que merece nossa atenção. Um personagem que aparecia com frequência em sua fala era a figura de algum orientador ou professor especialmente morto, desinteressado e desinteressante. Atreyu dizia que praticamente todas as aulas de sua faculdade eram ministradas por seres assim, sem interesse em preparar sua apresentação ou em fazer os alunos gostarem do tema. A repetição de tal imago foi abrindo caminho para que ele falasse um pouco mais sobre seu pai, alguém que parecia se encontrar em estado semelhante — senão pior — do que o de seu próprio. O pai fora herdeiro de uma grande fortuna desde sempre, sendo esta conquistada pelo seu avô, numa ascensão meteórica a partir de uma vida muito pobre. Aparentemente o patrimônio recebido parece tê-lo desestimulado a buscar algo que lhe fizesse sentido em sua vida. Ele fez faculdade e trabalhou como programador para empresas públicas e privadas, mas acabou desistindo do ofício. Não tomou parte nem mesmo da administração dos bens familiares, geridos há anos por um de seus irmãos — do qual recebe uma mesada anual. Há muitos anos o pai de Atreyu vive encostado pelos cantos da casa, se escondendo em algum cômodo para fumar maconha diariamente. Depois, vai até a cozinha para comer pois está "laricado". Seria esta a figura que o paciente vê todos os dias na cabeceira da mesa de jantar: um pai que não está ali, que está fora do ar, cuja alma está presa no limbo? Se sim, existe aqui uma maneira de pensar sua "depressão *TikTok*" como uma identificação melancólica[6] com a figura paterna, sendo tal dinâmica agravada por um certo tipo de relação com a tecnologia e com as redes sociais. Por outro lado, seria razoável argumentar que a família robô-zumbi-alma-no-limbo poderia ser uma projeção de tal núcleo depressivo do paciente. Penso que isso também acontece, mas parece consistente a noção de que seu pai é um zumbi mais grave do que os demais, e que carrega consigo um estatuto de ausência de si mais intenso. Se a mãe muitas vezes parece não notar a gravidade dos sintomas do filho, por outro lado ela se revela mais vivaz em certas histórias, principalmente a respeito de seu próprio trabalho. Ela tem uma empresa que compra casas

---

6   Em *Luto e Melancolia* (1915), Freud descreve como o Eu busca contornar a experiência de perda do objeto amado/odiado com ajuda da incorporação do mesmo para dentro de si. Diferentemente do processo de identificação, quando o Eu pode absorver traços do objeto perdido e se ampliar, na melancolia o objeto sequestra o Eu, faz cair sobre ele a sua sombra e reduz suas possibilidades vivenciais.

abandonadas e reforma-as, para depois vender. Seu marido e filhos a criticam ao dizer que ela tem um trabalho que "mais gasta do que ganha dinheiro", mas neste ponto eles ignoram que ela se importa com aquilo que faz, que encontra significado para si na atitude de recuperar uma casa-fantasma, e que talvez isso também se relacione com a psicopatologia da família como um todo. Assim, a hipótese de que o objeto paterno produz uma sombra sobre o Eu do filho ganha força. Um dia o paciente se põe a falar sobre a semelhança entre ele e o pai. Diz que ambos gostam de fumar e ficar lesados, e conclui: se "filho de peixe, peixinho é", então "filho de noia, noinha é".

A partir desse ângulo podemos rever a sedução de via dupla, que ia se dando aqui e ali no campo T-CT, e que resgatava nossas almas do limbo. Partindo da ideia a respeito da melancolia já citada, é possível pensar que Atreyu e eu estávamos tentando nos despertar mutuamente um ao outro, um para o outro. Talvez tal coreografia representasse uma nova tentativa de libidinização do Eu junto ao objeto paterno, como alguém que ficasse friccionando um graveto em meio ao frio do inverno com a intenção de produzir fogo. Nessa direção, a parte do trabalho que me cabia era a de aceitar a identificação com tal figura, elaborá-la, e devolver respostas que permitissem maior fluidez e circulação dos investimentos libidinais. Possivelmente tais atitudes permitiam alguns pontos de desidentificação com a figura paterna lesada, com o consequente aparecimento de novas aberturas, dando início ao processo de *des*melancolização. O trecho de sessão que se segue talvez possa ser entendido dessa forma:

– *(vivo, desperto) Oi, desculpa a falta semana passada, fui pra São Pedro de novo.*

– *(ele tem ido a São Pedro quase todo mês. Me pergunto se estou muito autorreferente ou se o nome da praia se relaciona ao fenômeno transferencial). Ah é, surfando de novo?*

– É, acho que agora sim estou aprendendo, o mais complicado é passar a arrebentação, depois fica suave.

– Não me lembro a última vez em que vi você se esforçar tanto por algo que gosta.

– Certeza, estou curtindo bastante. Mas dessa vez aconteceu uma coisa bizarra, lembrei das sessões. Eu tinha passado a arrebentação e tava lá no fundo, esperando uma boa. Daí veio uma correnteza forte pra caralho, começou a me levar pro fundo, e eu congelei! Não sabia o que fazer, não conseguia reagir, só via que estava sendo levado e não conseguia mexer meu corpo pra tentar escapar. Daí vieram um surfistas mais velhos e começaram a falar comigo, mas eu não respondia. Começaram a gritar e aí eu ouvi, ouvi eles falando pra eu remar pra lateral. De repente eu fiquei assustado, remei, remei e consegui sair. É tipo aquilo que você fala, que me desligo de mim mesmo, né?

– Sim, ainda bem que tinha aqueles surfistas lá pra te dar um grito. Você sabe nadar, só precisava acordar.

Nessa vinheta, a figura de São Pedro se coloca ao lado dos surfistas mais velhos que vêm em sua ajuda. Ambos são novos objetos da pulsão que não se encontram num estado de colapso psíquico, e que por isso podem realizar uma ação específica. Eles detêm a capacidade de receber os investimentos libidinais do paciente e de lhe devolver na mesma moeda, o que provoca a reconexão de Atreyu consigo mesmo. Eles puxam a alma que estava no limbo e a reencaminham ao seu corpo, numa ação analítica de batismo simbólico. Nesse ponto também vale lembrar que tal objeto mais vitalizado também faz lembrar a figura da avó materna, pilastra que sustentava os espíritos dentro dos corpos. Provavelmente estamos diante de um nó transferencial, condensado e sobredeterminado por memórias e fantasias. A próxima sessão demonstra o mesmo instante do acordar para a vida, desta vez revelado na interação direta comigo.

– *(muitas sessões seguidas marcadas pelo tédio. Hoje estamos exatamente na mesma situação, ambos desalmados. Quando consigo pensar e falar, digo)* Parece que estamos aqui entediados há séculos, acho que você está tentando mostrar um vazio que existe aí dentro.

– *(com descaso)* Ahã, deve ser.

– *(irritado)* Você respondeu com tom de descaso.

– *(silêncio por alguns minutos, depois, fala com raiva)* Não aguento mais viver assim, quero fugir, escapar disso, não aguento mais ser desse jeito...

– O tédio era o lugar onde você estava escondido, agora te encontramos.

– Quero terminar a sessão, por hoje chega.

– Quer esconder sua tristeza?

– Já era, tchau *(e desliga abruptamente)*.

Fico impactado pela interrupção brusca, isso nunca havia acontecido antes, e depois ele falta durante um mês. Quando volta, não se parece mais com ele mesmo. Está com o cabelo e a barba cortados, cuidados. Usa uma roupa limpa que não está amassada como de costume. Ele diz:

– Desculpa pelo outro dia. Fiquei com vergonha, senti raiva.

– Raiva de mim?

– Não, raiva de mim, de deixar minha vida passar desse jeito, quando vejo tudo que já perdi não consigo me conformar. Não gosto dessa faculdade, não quero me formar, não quero começar outro curso. Até hoje só transei com putas, queria ficar com uma menina legal, mas tenho medo de brochar. Tenho medo de que a maconha e a punheta tenham me lesado e que eu não consiga nem mais ir pra cama com ninguém. Essa semana fiquei imaginando só coisas violentas, que eu batia em alguém na rua, ou em alguém que eu conhecia na época da escola.

– *Você imaginou que batia em quem?*

– *(silêncio) Acho que era em mim mesmo na verdade. Estou puto comigo.*

Curiosamente Atreyu começa a retomar as aulas de boxe que tinha largado há muito tempo. Algo dessa raiva vai lhe ajudando a se manter acordado, a ficar em contato consigo. Ele se compara ao Rocky Balboa, personagem que precisa ficar focado e colocar o esforço máximo na preparação para uma grande luta. Diz que o legal da história do Rocky é que ele não é tão bom boxeador assim, mas que ele não desiste nunca — toda vez que leva porrada ele se levanta. Vejo nisso uma imagem que penso representar seu esforço ao longo da análise. Já levamos nocaute muitas vezes, mas toda vez buscamos ficar de pé para tentar de novo. Não por acaso, em meio a esse tipo de clima começa a surgir em sua fala um novo professor na faculdade que é diferente. Ele prepara uma aula na qual vale a pena prestar atenção, e lhe provoca curiosidade e prazer. Imagino que isso tenha se dado em parte pela pessoa real daquele professor e em parte pela identificação introjetiva da experiência T-CT, um personagem que segue trabalhando com o paciente para sustentar a reciprocidade dos investimentos sexuais infantis.[7] Esta parece ser a chave para ir se separando do pai-noia e de seu anestesiamento constante.

---

[7] Sobre a importância da reciprocidade Sexual, e sua função de despertar o sujeito para a ampliação de sua vida, recorro a Freud nos *Três Ensaios sobre a teoria da sexualidade* (1905). No último item do último ensaio, chamado *A descoberta do objeto*, encontramos: "Para a criança, o trato com a pessoa que dela cuida é fonte contínua de excitação sexual e satisfação das zonas erógenas, ainda mais porque essa – que geralmente é a mãe – dedica-lhe sentimentos que se originam de sua própria vida sexual: acaricia, beija e embala a criança, claramente a toma como substituto de um objeto sexual completo". E aqui não se trata apenas de descarregar a tensão pulsional, mas sobretudo da estruturação e organização da alma no campo intersubjetivo. O texto segue dizendo que esse mútuo despertar é importante "para todas as realizações éticas e psíquicas"! Levando em conta a disposição bissexual humana e as múltiplas possibilidades da metáfora edípica, penso que a descrição também pode incluir a figura do objeto paterno e seus sucedâneos.

Certamente ao longo dessa abertura analítica as dinâmicas mais antigas permaneciam, embora seu espaço fosse redimensionado no processo. Ainda convivíamos com o ser puxado para o escuro; com horas e horas do *streaming* (correnteza) no *TikTok;* com a representação dos zumbis; com as crianças mortas antes do batismo; com as almas no limbo; com a raiva e a necessidade de se esconder; com o sentimento de ter desperdiçado sua vida etc. No entanto, em algumas vezes o paciente passa a sonhar com algo para si:

– *(ele fala, rompendo outro daqueles presentes infinitos no tédio) Você gosta do que faz?*

– *O que você acha?*

– *Acho que sim, mas fico em dúvida.*

– *Qual dúvida?*

– *Meus primos mais velhos já se formaram, e quase todos foram trabalhar no mercado financeiro. Eu pergunto se eles estão gostando, e eles falam que sim, mas eu fico desconfiado.*

– *Do que?*

– *Sei lá, eles dizem que gostam, mas estão sempre acabados, não têm tempo pra nada, só trabalham, parecem uns zumbis. Não consigo me ver numa situação dessas, ia ser insuportável.*

– *E como você consegue se ver?*

– *Ah, sei lá, esses dias eu tava vendo uma optativa que achei legal, era sobre programação, sobre uma nova linguagem de programação.*

– *Qual linguagem de programação te interessou?*

– *É uma na qual os aplicativos atuais são feitos, o Insta, o TikTok, o Uber, Tinder etc.*

– *Você está se interessando pelo mesmo tema que seu pai estudou.*

– *Verdade, louco né?*

– *Louco.*

– *(com humor) Acho que no fundo me vem um medo de crescer, muito clichê?*

– *(tentando manter o clima libidinizante do humor) Um pouco. Mas pode ser um medo de achar que quem cresce se torna zumbi de algum modo.*

– *Foi o que aconteceu com meu pai.*

– *Você acha que ele virou zumbi porque cresceu?*

– *(silêncio) Na verdade não sei se ele cresceu. Talvez seja zumbi porque foi ficando na mesma, sei lá. Mas ele não é zumbi o tempo todo, tem umas horas que ele está ali, de boa, mas acho que eu também não sei direito como conversar com ele.*

Aqui se torna explícito um exemplo do que chamo de desmelancolização. O paciente se separa e pode se identificar com aspectos não zumbi do objeto paterno, como seu interesse pelo campo da programação. Vemos que a pessoa do pai, mesmo contendo de fato algum aspecto depressivo, vai se descolando de uma fantasia projetada pelo paciente, e aquele ressurge como alguém que "não é zumbi o tempo todo". O trabalho de discriminação entre interno e externo, entre Eu e não-Eu segue com a constatação de que agora existe uma dificuldade que não é do pai, mas dele próprio. Penso que toda essa sequência revela o que é possível numa análise. As pessoas reais que nos cercam podem mudar ou não. Por outro lado, a qualidade de nossas fantasias e imagos inconscientes certamente vão se transformando ao longo do processo analítico, e talvez isto possa ser suficiente para tornar nossa vida um pouco menos assombrada por certos fantasmas.

Além disso, destaco que o paciente fica em dúvida se sou zumbi ou não. Eu pareço sentir prazer com meu trabalho, mas quem lhe garante que não estou ali morto por dentro? A pergunta que ele me dirige abre caminho para observarmos a projeção da figura do zumbi no futuro, naqueles que cresceram e trabalham. O paciente desenvolve uma tese de que provavelmente foi isso o que aconteceu com os primos e com o pai. Dessa forma, o medo de se tornar zumbi poderia ser pensado ao lado do *Medo do Colapso*[8] descrito por Winnicott. Em ambos os casos, situações que já ocorreram são projetadas no futuro, como se o Eu pudesse vir a se proteger de algo que já lhe acomete internamente. Mas para além de tal projeção de colapso do Eu, estaria Atreyu assim tão errado em julgar nossa sociedade atual? Não vemos na *Netflix*, *Amazon Prime* e outros *streamings* a proliferação de filmes e seriados sobre zumbis? Não vivemos de fato numa sociedade do cansaço, numa sociedade do desempenho, onde encontramos zumbis-fitness, zumbis-empresários-de-si-mesmo, zumbis-dopados de ritalina ou suco detox, trabalhando e estudando sem parar em frente ao *Zoom*? E se Atreyu tiver razão? Nesse ponto, troco de item, pois essa é uma deixa para o trabalho de construir pontes entre sintomas no plano psicanalítico e sintomas no plano da cultura nos quais estamos mergulhados.

---

8   Na investigação e reconstrução de um passado pré-egoico, Winnicott escreve o brilhante *Fear of Breakdown* (1963). Sua tese é a de que um evento traumático ainda não representado – e por isso mesmo não experimentado – busca simbolização por meio de um sintoma: o medo de um colapso mental no futuro. No final do texto ele faz um sumário de sua tese: "Eu tentei demonstrar que o medo do colapso pode ser o medo de um evento passado que ainda não foi experimentado. A necessidade de experimentá-lo é equivalente à necessidade de lembrar nas análises neuróticas. Essa ideia pode ser aplicada a outros medos aliados, e eu mencionei o medo da morte e a busca pelo vazio". O texto propõe uma ideia inovadora, que tem o potencial de ampliar o horizonte do método e das técnicas psicanalíticas.

Afundando na luz das telas

Observo crianças brincando em diferentes cenários e noto que elas têm uma nova brincadeira: fazem de conta que são influenciadores digitais. Falam como se estivessem em *lives*, em que mostram suas famílias, contam para a lente da câmera algo de seu dia a dia, ensinam a fazer uma receita na cozinha, fingem abrir um presente novo, e muito mais. Apesar de toda a sua criatividade, elas não inventaram o novo jogo *ex nihilo*. Muitas vezes estão apenas repetindo vídeos que assistem em seus tablets ao longo do dia, ou então imitam os pais que de fato os transformam em astros de algum perfil ou canal online. Mais do que isso, elas introjetam a relação dos adultos com as novas tecnologias de interação social. Cada criança percebe de forma aguda o investimento libidinal que temos em nossos smartphones, e tendem a se identificar com o que faz o olhar dos adultos significativos brilharem, de forma a serem elas mesmas investidas e narcisadas durante a atividade lúdica.

Assim, tal novidade no brincar infantil relança a afirmação de que a cultura influencia a constituição do sujeito, tanto em seus modos de prazer como de sofrer (muitas vezes ambos ocorrem no mesmo instante). Por outro lado, um sujeito ou grupamento humano também poderá deixar marcas de sua vida pulsional de volta no caldo cultural. Dentro do campo psicanalítico, encontramos diversas referências teóricas a respeito de tal movimento pendular, nos quais sujeito e cultura se influenciam reciprocamente. E aqui não se trata apenas da formação da vida inconsciente da criança por meio de sua relação com a vida inconsciente dos pais. Temos também a ação direta de mensagens inconscientes contidas na civilização sobre nós. Tomo como exemplo desse tipo de articulação as últimas páginas de *Totem e Tabu* (1913). Em sua conclusão, Freud discute algumas dificuldades inerentes aos pressupostos de sua pesquisa, começando pela ideia da transmissão transgeracional do sentimento de culpa pelo assassinato do pai da horda:

> *Não deve ter escapado a ninguém, em primeiro lugar, que imaginamos na base de tudo uma psique das massas, em que os processos psíquicos ocorrem tal como na vida psíquica individual. Supomos, principalmente, que a consciência de culpa por um ato persiste através de milênios e continua a influir em gerações que nada podiam saber desse ato. Supomos um processo afetivo, que pode ter se desenvolvido em gerações de filhos que foram maltratados pelo pai, estendendo-se por novas gerações que disso foram poupadas precisamente pela eliminação do pai. Estas seriam graves objeções, e qualquer outra explicação que evite esses pressupostos seria preferível (p. 239).*

A partir do reconhecimento dessa dificuldade ao pensamento analítico, Freud propõe uma resposta elegante. Ele irá afirmar que a civilização é nada mais do que um conjunto de formações do inconsciente engendradas pela mesma solução de compromisso que os sintomas, lapsos, sonhos etc. Tratam-se de "resíduos" deixados por cada indivíduo ou grupo, e que poderá ser decifrado inconscientemente pelas gerações posteriores:

> *O problema pareceria ainda mais difícil se tivéssemos de reconhecer que existem impulsos psíquicos que podem ser recalcados tão completamente que não deixam quaisquer resíduos. Ocorre que esses não existem. O mais forte recalque tem que deixar espaço para impulsos substitutivos deformados e as reações que dele resultam. Mas então*

podemos supor que nenhuma geração é capaz de esconder eventos psíquicos relevantes daquela que a sucede. Pois a psicanálise nos ensina que cada qual possui, em sua atividade mental inconsciente, um aparelho que lhe permite interpretar as reações das outras pessoas, isto é, desfazer as deformações que o outro realizou na expressão de seus sentimentos. Por essa via de compreensão inconsciente de todos os costumes, cerimônias e estatutos deixados pela relação original com o pai primevo, também as gerações posteriores podem ter assumido esta herança afetiva (p. 241).

Justamente nesse ponto encontramos os "costumes, cerimônias e estatutos" conceituados como "impulsos substitutivos deformados", e a essa coleção poderíamos acrescentar: a língua, os nomes, cantigas, fábulas, mitos, ritos, leis, a estruturação política e econômica etc. Dessa forma, o esforço para relacionar a teoria pulsional com a cultura nos abre a possibilidade de pensar não apenas a persistência de processos anímicos por meio das gerações, mas também o próprio processo de criação do humano a partir de sua comunidade. Isso porque os "resíduos" em seu conjunto poderiam ser entendidos como o campo da moral, imperativos que nos antecedem em séculos, e que incidem sobre nós desde o início. Nessa direção, o trabalho de "decifrar" tais resíduos poderia ser entendido como a necessidade de incorporar tais pressupostos grupais — trabalho de introjeção do Ideal do Eu — para que possamos ser aceitos e reconhecidos como um semelhante dentro de determinado recorte social. Esses resíduos morais seriam o barro que cada sujeito humano usa para plasmar uma primeira forma, um primeiro rosto humano que possa estabelecer relações de reciprocidade com os demais que o cercam. Rumo à liberdade de pensamento, a tarefa que se segue é bastante penosa, pois cada um se verá diante da (im)possibilidade de questionar a argila a partir da qual foi moldado. Esse é o trabalho da ética por definição, na qual a liberdade intelectual nos custará a solidão em relação ao que é moralmente indicado.[9]

Quando dizemos que um dado problema de nossa sociedade é *estrutural*, penso que é por meio dessa referência teórica que conseguimos captar uma parte de seu significado psicanalítico. Estrutural é tudo aquilo que é veiculado de geração em geração a partir dos resíduos pulsionais, que ao mesmo tempo são a matéria-prima moral para a fabricação do tecido humano. Por exemplo, se afirmamos que o machismo, o racismo, a homofobia e a transfobia são estruturais, isso equivale a dizer que há séculos, determinados grupos humanos são reiteradamente considerados menos humanos que os demais. Temos aqui metas agressivas da vida pulsional social contra determinadas categorias de pessoas, violência que fica inscrita na cultura como "impulsos substitutivos deformados". São esses os resíduos morais que serão decifrados pelas próximas gerações, entrando assim em seu DNA psíquico de forma irrefletida, perpetuando o ciclo de exclusão. Em oposição a essa dinâmica há o trabalho da cultura, que trava suas batalhas no terreno de tais resíduos morais. É nesse ponto onde

---

9   Esse é o argumento de Luís Carlos Menezes em seu *Preservem as flores selvagens – variações sobre uma metapsicologia do poder*. O texto começa: "A inserção em uma formação social, vou me referir apenas à nossa cara espécie, requer uma rede de pressupostos comuns que não são fundados em nenhuma experiência e que se impõem de per si, dispensando o ato de pensamento imprescindível para o julgamento sobre as coisas. Esses preconceitos, como os chama Hannah Arendt, permitem que a pessoa não precise pensar sobre cada situação que se apresente para formar uma opinião. Podem assim 'muito facilmente encontrar a adesão de outras pessoas sem mesmo dever se dobrar às exigências da persuasão' (Arendt, 1993) diz ela. Poderíamos chamar de aderência a essa adesão acrítica, automática, em bloco, a uma ideia ou conjunto de ideias". Mais adiante no texto, o autor irá relacionar tal "rede de pressupostos comuns" justamente aos "resíduos" de *Totem e Tabu* (1913) e depois à "psique das massas" de *Psicologia das Massas e Análise do Eu* (1921).

podemos e devemos agir, em que observamos iniciativas brilhantes que têm o poder de instabilizar a agressividade pulsional deformada. Desse lado é possível citar exemplos como os movimentos *Black Lives Matter* (2013) e *Me Too* (2017), além do trabalho dentro do Direito em torno da criminalização da homofobia em suas diversas formas. Do ponto de vista estratégico, o avanço civilizatório parece se dividir em duas frentes de batalha. Primeiro: barrar os resíduos culturais transgeracionais que autorizam a violência destinada a certas populações; segundo: erigir novas opções dentro do Ideal do Eu local, em que sujeitos excluídos possam se reconhecer e serem reconhecidos em símbolos valorizados culturalmente. Um breve exemplo deste último caso é o filme *Pantera Negra* (2018), o qual pela primeira vez na história do cinema permitiu que inúmeras crianças pudessem projetar seu narcisismo sobre um super-herói negro, operação metapsicológica refinada que produz mudanças estruturais no registro dos ideais.

Em resumo, o argumento de Freud permite pensar a continuidade de processos anímicos a partir das gerações por meio do conceito de "impulsos substitutivos deformados" na cultura, como "costumes, cerimônias e estatutos". Além disso, a continuidade geracional de tais elementos psíquicos abre a possibilidade de pensar que o Eu se constitui de forma irreflexiva, na medida em que decifra/adere a tais resíduos que compõem o campo da moral. Assim, somos portadores e herdeiros da vida pulsional de nossos antepassados. É esse um desenvolvimento teórico que permite pensar psicanaliticamente a respeito de processos que ocorrem tanto na superfície de nossa cultura quanto na profundeza de nossas clínicas.

Pois bem, exatamente nessa altura do argumento posso agora apresentar um tipo inédito de resíduo contemporâneo. Estou me referindo à invenção de uma *nova lógica econômica que direciona transformações na tecnologia digital*. Mas antes de entrar nos meandros de tal lógica, por ora é suficiente dizer que o mundo digital compete de forma feroz e visceral pela nossa *atenção*. Todos os tipos de aplicativos que povoam os celulares têm como meta nosso engajamento imediato, e pelo tempo mais longo possível. Eles agem silenciosamente, e, ao mesmo tempo que nos oferecem enorme conforto, passam a modificar a forma como investimos nossa atenção e em como nos relacionamos uns com os outros. Podemos aprender sobre essa nova indústria e seus efeitos sobre os vínculos humanos com alguns cientistas de dados do Vale do Silício. Um deles é Tristan Harris, que trabalhava no *Google* como responsável pela ética de design, e que se demitiu justamente por ter objeções ao tipo de prática que encontrava em seu dia a dia. Em uma de suas apresentações recentes, chamada *Como um grupo de empresas de tecnologia controla bilhões de mentes todos os dias* (2017)[10], ele diz:

> *Imaginem que estão entrando numa sala, uma sala de controle com um grupo de pessoas, centenas delas debruçadas sobre uma mesa de controle, e que essa sala irá modelar os pensamentos e sentimentos de um bilhão de pessoas. Pode parecer ficção científica, mas isso realmente existe nos dias de hoje. Sei disso porque eu fazia parte de uma dessas salas. Eu era especialista em ética de design no Google, onde estudava como se controlam os pensamentos das pessoas de forma ética. O que não revelamos é como um pequeno grupo de pessoas, que trabalham em um pequeno grupo de empresas de tecnologia, controlam, por meio de suas decisões, o que um bilhão de pessoas pensam hoje. [...] Quando falamos de tecnologia, tendemos a falar sobre ela como uma oportu-*

---

10 https://www.ted.com/talks/tristan_harris_how_a_handful_of_tech_companies_control_billions_of_minds_every_day?language=pt-br

nidade visionária, que poderia seguir qualquer caminho. Vou falar sinceramente e contar por que ela segue um caminho muito específico. A tecnologia não está evoluindo ao acaso. Há um objetivo secreto guiando o caminho de toda a tecnologia que criamos. Esse objetivo é a disputa pela nossa atenção. Todo novo site, TED, eleições, política, jogos, até mesmo os aplicativos de meditação, tem que competir por uma coisa: nossa atenção. Isso ocorre com frequência, e a melhor maneira de conseguir a atenção das pessoas é saber como funcionam suas mentes. Há todo um conjunto de técnicas de persuasão, que aprendi na faculdade, no "Persuasive Technology Lab", para conseguir a atenção das pessoas.

E em seguida a essa grave introdução, Harris fala sobre um exemplo comum e recente do impacto da tecnologia sobre o aparelho psíquico, o que nos lançará de volta, por um outro caminho, ao caso clínico de Atreyu e sua depressão *TikTok*. O ex-funcionário do *Google* segue:

Darei o exemplo do Snapchat. Caso não saibam, o Snapchat é o principal meio de comunicação dos adolescentes americanos. Se, como eu, vocês utilizam mensagens de texto para se comunicar, isso é o Snapchat para os adolescentes. E cerca de cem milhões deles o utilizam. Foi inventado um recurso chamado "Snapstreaks", que mostra a quantidade de dias seguidos em que duas pessoas se comunicaram. Em outras palavras, deram a duas pessoas algo que elas não queriam perder. Se você é adolescente, e tem 150 dias seguidos na sua contagem, não quer perder isso. [...] Não é teoria: quando as crianças

> *saem de férias, descobriu-se que elas dão suas senhas a até cinco amigos para manter o Snapstreaks delas ativo, mesmo quando não conseguem fazê-lo pessoalmente. Elas têm trinta desses [Snapstreaks], e precisam tirar fotos nem que seja de paredes e tetos só para passar o dia. Não é como se tivessem conversas reais. Temos a tendência de pensar assim: "Ah, elas só estão usando o Snapchat do modo como falávamos ao telefone, deve estar tudo bem". Mas o que não dizem é que, na década de 70, quando falávamos ao telefone, não havia uma centena de engenheiros do outro lado que sabiam exatamente como funcionava nossa mente e nos controlavam pelo conceito da psicologia chamado de "duplo vínculo" [double-bind].*

Em maio de 2021, o *Snapstreak* mais longo já registrado era de 2200 dias, cerca de seis anos seguidos em que uma pessoa manda uma mensagem e a outra responde dentro de 24 horas. Para sustentar tal contagem, como afirma Harris, inúmeras mensagens são fotos do teto, da parede, ou uma sequência de palavras sem sentido. Assim, do ponto de vista fenomenológico, observamos que a importância do número de *streaks* vai se tornando maior do que a própria substância do vínculo intersubjetivo. Provavelmente isso se dá pois a competição tecnológica por nossa atenção explora as fragilidades do Eu, nossas necessidades de aceitação/pertencimento e nossos medos de rejeição e exclusão do amor social. Se isso vem a ser verdade, podemos tentar uma tradução dos fatos para a linguagem psicanalítica. Esse tipo de desdobramento da tecnologia contribui para inclinar a balança na direção do narcisismo. Predomina a libido do Eu (número de *streaks* — imagem social valorizada do Eu) sobre a libido de objeto (esvaziamento das mensagens que corresponde ao esvaziamento da alteridade). Ainda em relação a tais esvaziamentos, também podemos evocar o conceito de pulsão de morte, seu trabalho silente de desligamento libidinal e o consequente processo de desobjetalização.

E nessa curva retorno ao caso de meu paciente. O *Snapchat*, assim como o *TikTok*, o *Instagram* e outros mensageiros, compartilham algumas premissas em relação ao seu funcionamento. Uma delas é precisamente tal disputa selvagem pela atenção dos usuários mediada por interesses econômicos, mesmo que isso implique na exploração de camadas mais e mais primitivas de nosso narcisismo. E não era exatamente esse o tipo de situação ao qual o paciente se referia em algumas sessões? Ele se queixava de que ficava horas a fio usando tais aplicativos — o que provavelmente provocava, ou ao menos acentuava, a ida de sua alma para o limbo. Aplicativos como o *Snapchat* ou o *TikTok* aparentam carregar o potencial de desligar e esvaziar certos aspectos do Eu, enquanto asseguram sua inscrição e pertencimento numa comunidade digital na qual predomina o regime especular.

Durante a discussão metapsicológica anterior, também foi apontado que o sofrimento psíquico do paciente poderia ser sobre determinado por outros elementos, como a perda da figura de sua avó, dificuldades no funcionamento de sua função-alfa, o anestesiamento comportamental pela maconha e o vínculo melancólico com seu objeto paterno. Ou seja, não podemos reduzir e simplificar todo o quadro clínico em torno da relação do paciente com tais aplicativos. Mais ainda, apesar de observarmos isso com frequência, não podemos afirmar que esses são os únicos tipos de impacto que tais aplicativos têm sobre a psique humana. De forma complexa, observamos outros exemplos nos quais o uso dos mesmos aplicativos ajuda na constituição do Eu, e em sua abertura para o outro e para o mundo. No entanto, talvez seja possível afirmar que esses casos não parecem predominar no vasto e diverso mundo da vida digital.

A formulação mais justa talvez seria a de que *uma certa "dinâmica Snapchat" — aquela que invoca o narcisismo, o imaginário e a pulsão de morte — se apresenta como resíduo cultural que interfere na constituição do sujeito contemporâneo, contendo a capacidade de favorecer fatores internos que caminhem no mesmo sentido*. Na primeira parte deste trabalho pudemos identificar a construção de uma fantasia de "afundar no Nada", permitida a partir do sonho de estar afundando no mar escuro, da lembrança encobridora de se segurar na pilastra da avó, da situação T-CT das almas no limbo, da memória em que surfava e foi levado sem reação pela correnteza etc. Assim, o papel da "dinâmica *Snapchat*" ou da "depressão *TikTok*" seria aquele de confirmar essa fantasia interna por meio de certos resíduos culturais externos. Se por dentro existe a correnteza (*stream*) que arrasta o sujeito para o Nada, por fora encontramos o *streaming* de conteúdos que flui pela tela do smartphone do paciente — correnteza que arrasta consigo a capacidade de percepção-de-si e a própria alma para o limbo. Se no primeiro caso Atreyu afunda no escuro, no segundo encontramos o paciente afundando na claridade da luz de seu celular.

Se tal hipótese estiver correta, encontraremos uma tendência pós-moderna a determinados tipos de adoecimento na própria estrutura invisível de nossa sociedade digital. Como primeiro achado deste tipo de pesquisa, postulo a figura do zumbi ou do desalmado. Tratam-se de figuras em que a imagem do Eu se encontra inflacionada socialmente, mas o sujeito se vê empobrecido e esvaziado em outros aspectos na relação consigo mesmo ou com outros. Ao mesmo tempo, vemos desaparecer as representações do não-Eu, quando a experiência de alteridade vai se enfraquecendo. Nesse ataque híbrido (ao mesmo tempo pulsional e cultural) e seletivo às funções egoicas, se a capacidade de sentir prazer e ser "entretido" permanecem ligadas, a capacidade de perceber a si mesmo como um ser desvitalizado oscila, e foi justamente o seu ressurgimento no Japão que mobilizou a chegada do paciente para iniciar sua análise.

Dois tipos de zumbis numa sociedade do cansaço

Um pouco antes mencionei uma sessão onde o paciente questionava a respeito de meu prazer com o trabalho que desenvolvo, e também se vejo sentido no que faço. Naquele mesmo dia, suas associações encontraram os primos mais velhos que já se formaram e que agora trabalham sem parar. Aos seus olhos eles lhe parecem sempre cansados, desvitalizados, zumbis saudáveis e competentes que não têm tempo para mais nada. Esse tipo de assunto tende a se repetir durante os atendimentos, sendo Atreyu atento a figuras deprimidas e esvaziadas. Se por um lado sua sensibilidade poderia ser determinada pelo sentimento de *unheimlich,* por outro, ele não se encontra sozinho ao enxergar cansaço e mortos-vivos por todos os lados. Alguns psicanalistas, filósofos e sociólogos parecem concordar com seu olhar.

Um deles é Byung-Chul Han, filósofo sul-coreano, atualmente professor na Universidade Berlim. Há alguns anos ele também se ocupa de certos resíduos pulsionais que podemos observar em nossa cultura, em especial aqueles que influenciam o campo do trabalho e da vida digital. Uma de suas teses é a ideia de que o homem contemporâneo continua submetido a dinâmicas de coerção externa sobre sua produtividade, mas que tal situação começa a dar espaço para um outro tipo de relação do trabalhador com seu ofício. Em seu livro *Sociedade do cansaço* (2010), ele afirma:

> *A sociedade disciplinar de Foucault, feita de hospitais, asilos, presídios, quartéis e fábricas, não é mais a so-*

ciedade de hoje. Em seu lugar, há muito tempo, entrou uma outra sociedade, a saber, uma sociedade de academias fitness, prédios de escritórios, bancos, aeroportos, shopping centers e laboratórios de genética. A sociedade do século XXI não é mais a sociedade disciplinar, mas uma sociedade de desempenho. Também seus habitantes não se chamam mais "sujeitos da obediência", mas sujeitos de desempenho e produção. São empresários de si mesmos. [...].

O poder ilimitado é o verbo modal positivo da sociedade de desempenho. O plural coletivo da afirmação "Yes, we can" expressa precisamente o caráter de positividade da sociedade de desempenho. No lugar de proibição, mandamento ou lei, entram projeto, iniciativa e motivação. A sociedade disciplinar ainda está dominada pelo não. Sua negatividade gera loucos e delinquentes. A sociedade do desempenho, ao contrário, produz depressivos e fracassados (p. 23-25).

Seguramente ainda encontramos a lógica foucaultiana em nossas vidas e em nosso mundo. É fato que um grupo de pessoas pode usar seu poder para explorar um outro grupo, propensão que se assenta sobre a sexualidade infantil, patrimônio incontornável de nossa condição humana que deve ser moldada pela educação e pelo Estado. No entanto, surge agora o novo sujeito neoliberal do desempenho, no qual o tipo de coerção se transforma. O que se passa é que, na medida em que há um ganho de liberdade externa para cada indivíduo, a pressão se desloca de fora para dentro. O autor continua:

O sujeito de desempenho está livre da instância externa de domínio que o obriga a trabalhar ou que poderia explorá-lo. É senhor e soberano de si mesmo. Assim, não está submisso a ninguém ou está submisso apenas a si mesmo. É nisso que ele se distingue do sujeito de obediência. A queda da instância dominadora não leva à liberdade. Ao contrário, faz com que liberdade e coação coincidam. Assim, o sujeito de desempenho se entrega à liberdade coercitiva ou à livre coerção de maximizar o desempenho. O excesso de trabalho e desempenho agudiza-se numa autoexploração. Essa é mais eficiente que uma exploração do outro, pois caminha de mãos dadas com o sentimento de liberdade. O explorador é ao mesmo tempo o explorado. Agressor e vítima não podem mais ser distinguidos. Essa autorreferencialidade gera uma liberdade paradoxal que, em virtude das estruturas coercitivas que lhe são inerentes, se transforma em violência. Os adoecimentos psíquicos da sociedade de desempenho são precisamente as manifestações patológicas dessa liberdade paradoxal.

Em tempos de pandemia e teletrabalho nos vemos cada vez mais esgotados não apenas por trabalhar online, mas sobretudo porque a tecnologia nos permite trabalhar de novas formas e por mais tempo. Diante desse cenário, como levantar oposição séria ao argumento do filósofo? Justamente, o estado disseminado de cansaço atual se prolifera, se torna depressão e *burn-out*, e espalha mortos-vivos no espelho e nas paisagens às quais ainda temos acesso. Nesse ponto penso ser crucial retornar à clínica de Atreyu. Se nos mantivermos próximos ao que ele diz, veremos que o paciente percebe a existência de mais de um tipo de zumbi. O primeiro se encontra na situação

T-CT do tédio, quando nossas almas vão para o limbo, esvaziamento que provavelmente também se relaciona com a incorporação melancólica da figura do pai. O segundo tipo de zumbi não é apático, mas sim hiperativo e organicamente hipersaudável. São os primos mais velhos que trabalham dezoito horas por dia, ganham bem e fazem *cross-fit* às quatro da manhã para entrar no trabalho às cinco. Não sentem sono pois contam com o *dopping* da ritalina e dos suplementos nutricionais para se manter produtivos e em boa forma. São zumbis competentes, *fitness*, e sua existência compõe um horizonte problemático na entrada da "vida adulta". De fato, qual o estímulo de crescer se existe tal risco de ser capturado pela "liberdade coercitiva" descrita por Han? Psicanaliticamente, acho fundamental poder notar que o paciente distingue esses dois tipos de zumbis. Se não o fizermos — julgando que todas as imagens de zumbis que ele vê são apenas projeções de parte de sua mente — estaríamos atacando sua percepção acurada de parte do mundo em que vivemos. Percepção aguda e potencialmente filosófica — a mesma que levou Han ao encontro de sua teoria sobre o sujeito de desempenho, habitante da sociedade do cansaço.

Além disso, é relevante articular a figura dos zumbis-desempenho com o *TikTok*, o *Snapchat* e outros aplicativos de mídias digitais. Anteriormente acompanhamos o paciente dizendo que passar horas a fio no *TikTok* favorece o seu estado zumbi do primeiro tipo (hipoativo), quando assiste vídeos que tocam num *looping* infinito, num *feed* também infinito do passar dos dedos, correnteza mortífera que separa a alma do próprio corpo. Depois, foi explorada a ideia de que certo tipo de uso do *Snapchat* entre os adolescentes favorece o registro narcísico e imaginário, por meio dos efeitos desligantes da pulsão de morte que produz desobjetalização constatada nas mensagens esvaziadas. Ali, o que importava não era a amizade em si, mas um número alto de *Snapstreaks*, pois este refletia a imagem do Eu dentro de sua comunidade, garantindo aceitação, pertencimento e destaque social. Pois bem, e quem são os personagens sociais refletidos nesses números? Quem são os protagonistas de boa parte dos vídeos do *TikTok* e das fotos do *Instagram/Facebook*? Muitas e muitas vezes, eles são o zumbi de segundo tipo (hiperativo), — o zumbi-desempenho, o zumbi-fitness, o zumbi-*live* etc. — protagonistas das novas mídias de interação social. É ali que deparamos com os primos de Atreyu. Influenciadores digitais que transmitem alegria, saúde, habilidade, competência, saber, sensualidade, desejo, riqueza, fama, viagens etc. Zumbis do primeiro tipo assistindo a zumbis do segundo tipo, mortos-vivos assistindo vivos-mortos, com eventuais trocas de posição ao longo do tempo.

A respeito desse ponto, não gostaria de soar excessivamente crítico ou maniqueísta. Penso que a tecnologia pode trazer voz, possibilidades e conforto para nossas vidas. Seguramente, o uso que pode ser feito de uma mídia social é tão amplo quanto a singularidade de nossa alma. No entanto, gostaria apenas de apontar fenômenos contemporâneos que me parecem muito comuns, e que fazem a balança da constituição do sujeito psicanalítico e sua psicopatologia inclinarem sempre para o mesmo lado. Algo como a ideia de dados viciados que sempre caem no mesmo número. Além disso, minha reflexão não parte apenas da análise de Atreyu, mas, sobretudo, da minha própria experiência vivida. Como respondi ao paciente numa sessão, eu mesmo também me vejo capturado inúmeras vezes pela nova lógica — elas são prazerosas! Acredito que foram desenhadas exatamente para isto — engajar nossa atenção pelo máximo de tempo possível, recorrendo aos mecanismos mais primitivos do funcionamento mental para entregar seus resultados. Passar de postagem em postagem pode ser uma experiência narcótica, justamente porque sequestra o aparelho psíquico em torno do princípio do prazer e de suas projeções narcísicas. E é aqui em que observamos o princípio da realidade ceder. Se o Eu se espalha em projeções por todos os lados, como uma mancha de óleo no oceano, aquilo que resiste — a realidade — começa a se ver enfraquecida. Esse é o terreno fértil no qual se proliferam as *fake news*, *deep fakes*, e toda informação que esteja de acordo com os meus desejos. Não podemos esquecer que vivemos num mundo onde — ao mesmo tempo que se registram pela primeira vez na história as ondas gravitacionais e as imagens de um buraco negro — vemos crescer a comunidade terraplanista por todos os lados do globo. E se pensamos que nós — psicanalistas analisados, supervisionados e estudados — estamos mais protegidos que os demais, peço que o leitor se encaminhe para sua própria consciência.

Há meses atrás circulou amplamente um relato em primeira pessoa em que Clint Eastwood contava sobre sua suposta experiência de análise com Bion. O texto era bom, talvez bom demais, talvez até piegas, e desfilava conceitos que nos seduzem em meio a análise de uma celebridade: "O", experiência emocional, tirar proveito de um mau negócio, tempestade emocional, tolerar o não saber etc. O fato é que nós reencaminhamos essa mensagem pelo *WhatsApp* e *Facebook* inúmeras vezes até que ela pudesse ser apontada como falsa.[11] Acreditamos porque nos era prazeroso acreditar que um pudesse ter se analisado com o outro. No fundo, trata-se de uma mensagem falsa que confirma nossas necessidades narcísicas verdadeiras. "A psicanálise funciona". "Aquilo a que eu dedico minha vida tem valor, e pode mudar o mundo".

---

11 Durante a escrita deste texto alguns colegas contradisseram a falsidade da história de C. Eastwood com Bion, mas não conseguiram apresentar provas disso. O fato é que não sei mais em que acreditar – se na mensagem original no *WhatsApp* e seus apoiadores, ou se nos colegas que disseram que a história era falsa. Um grupo parece apontar a fonte do outro como falsa, o que impede a resolução do problema. Os atuais sites que checam *fake news* ainda não têm uma seção psicanalítica, então também não se pode recorrer a este recurso. De uma forma ou de outra, o argumento do enfraquecimento da realidade fica comprovado. Já não se sabe no que acreditar.

E se esse tipo de sedução pelo prazer não funcionar, seremos mobilizados pelo nosso ódio. É curioso observar que o ódio parece ser um motivador ainda mais potente para nos engajar no mundo online do que o prazer.[12] Muitas vezes, mensagens falsas e ofensivas se alastram pelo simples fato de que são elas que mais nos fazem grudar nas telas, quando digitamos as letras com ira. Penso ser fundamental a compreensão desse processo a partir do vértice político, em que o império da atenção promove *fake news* e achatamento da consciência reflexiva. Se pretendemos defender valores democráticos, devemos antes reconhecer que hoje a política acontece sobretudo no mundo digital. Mais do que isso, os diversos radicalismos parecem já ter aprendido sobre este novo panorama. A verba das campanhas políticas reservada para o mundo digital cresce a cada ano. Infelizmente, hoje não é mais nenhuma novidade que nosso voto ou abstenção possam ser manipulados por meio das mídias digitais.[13] Mais e mais, observamos especialistas contratados para apertar os botões certos, aqueles que irão capturar nossa atenção, anestesiar

---

12 Aliás, também pode haver o prazer no ódio, ou o ódio no prazer, nuances da vida humana consideradas pela psicanálise.

13 Em 2012 pesquisadores do *Facebook* surpreenderam ao divulgar os resultados de um polêmico estudo na aclamada revista científica *Nature*. O trabalho se chamava: *Um experimento com 61 milhões de pessoas em influência social e mobilização política*. Tais pessoas foram divididas em três grupos. Um primeiro não era estimulado. O segundo recebia um estímulo em seu *feed* para votar, acompanhado de um link com informações sobre seu local de votação e a possibilidade de deixar um botão "eu votei" apertado para seus amigos verem. O terceiro grupo recebeu o mesmo incentivo do segundo e um extra: retratos com os amigos de sua lista que tinham votado e apertado o botão "eu votei". Um dos resultados apresentados foi que o terceiro grupo tinha 2% de chance a mais de apertar o "eu votei" do que o segundo grupo. A estimativa dos pesquisadores foi a de que cerca de 340 mil votos adicionais foram influenciados por esse experimento de contágio social. Para se ter uma ideia do impacto desse total de votos, devemos levar em conta que em 2016 Hillary Clinton perdeu de Trump por uma margem de cerca de 100 mil votos – segundo avaliações de especialistas. É esse o atual poder político de uma *big tech*.

nosso espírito crítico e direcionar nosso Eu embriagado na direção mais conveniente para aquele que pagar o preço mais alto.

Seguindo em frente, proponho agora examinarmos como a disputa selvagem de nossa atenção pelas novas tecnologias pode modificar o aparelho psíquico e suas relações intersubjetivas. Gostaria de discutir principalmente dois aspectos de tais mudanças, relacionadas tanto ao caso de Atreyu como ao sujeito de desempenho pós-moderno. A primeira se refere à própria arquitetura da atenção, enquanto a segunda se volta para uma experiência de tédio específica. Volto ao livro de Han para discutir esses dois pontos, que diz:

> *O excesso de positividade se manifesta também como excesso de estímulos, informações e impulsos. Modifica radicalmente a estrutura e economia da atenção. Com isso se fragmenta e se destrói a atenção. Também a crescente sobrecarga de trabalho torna necessária uma técnica específica relacionada ao tempo e à atenção, que tem efeitos novamente na estrutura da atenção. A técnica temporal e de atenção multitasking (multitarefa) não representa nenhum progresso civilizatório. A multitarefa não é uma capacidade para a qual só seria capaz o homem na sociedade trabalhista e de informação pós-moderna. Trata-se antes de um retrocesso, A multitarefa está amplamente disseminada entre os animais em estado selvagem. Trata-se de uma técnica de atenção, indispensável para sobreviver na vida selvagem (p. 31-32).*

Exatamente tal excesso de estímulos que demanda a atenção multitarefa — ampla, rasa e móvel — me faz lembrar do início da análise de meu paciente. Desde os primeiros encontros ele demonstrava enorme dificuldade em ficar concentrado no trabalho, e isso não podia ser reduzido ao uso de maconha. Também não estou me referindo apenas ao seu estado mental "desalmado", mas a dificuldades objetivas em prestar atenção mesmo quando falávamos com um pouco mais de vivacidade. Naqueles encontros, por estar entediado, ele recorria inúmeras vezes ao celular. Em geral ele olhava a tela para ver quem lhe tinha escrito, e em algumas ocasiões fazia pausas para responder um amigo, checar o email ou ver se alguém dera *like* no que postou. Depois que combinamos que seu telefone ficaria desligado durante as sessões, vi o paciente se transportar para um lugar ainda maior de desatenção, desconcentração e tédio. Muitas vezes ele me pedia desculpa — se eu podia repetir o que tinha falado pois não conseguira prestar atenção. Parecia tentar usar um órgão que se fadigava com facilidade.

Pouco a pouco, a capacidade atencional dele em relação a mim e a si mesmo foi se dilatando. Começava a sessão mais concentrado, conseguia se sustentar por algum tempo nesse modo, e depois ia perdendo seu foco. Quando Atreyu mencionou o personagem *Rocky Balboa*, penso que ele também se referia a isso. Assim como o boxeador passava nos filmes por um treinamento físico exaustivo, ele também se esforçava mais e mais para ficar desperto, atento e ligado em sua fala e em sua experiência mental na relação comigo. E o mesmo parecia se passar dentro de mim, um esforço contínuo de me manter ligado aos meus pensamentos, sentimentos, fantasias etc. Atualmente, ele consegue sustentar atenção um pouco mais focada durante os primeiros vinte a trinta minutos do horário, e depois vem a dispersão. No entanto, quando ele fala do uso que faz das redes sociais, vemos que um outro registro da atenção é mobilizado. Ele diz:

– *Eu não sei direito por que volto no TikTok, acho que é por tédio. Não tenho nada pra fazer e daí minha mão pega o celular.*

– Sua mão?

– Rs, parece que nem sou eu, é esquisito. E daí eu entro lá e tchum.

– Tchum?

– É, tchum, entro no portal do além, fico hiperligado, mas é como se eu não estivesse mais ali. Depois que saio, vem um tédio pior ainda. Fico brisado, não consigo conversar com ninguém, tenho insônia, é horrível.

– Você começa a usar porque está entediado, mas sai mais entediado ainda, é isso?

– Acho que sim...

A descrição do paciente é de grande interesse, pois ajuda a enxergar o processo social descrito por Han na intimidade da clínica. O estado psíquico do Eu é peculiar ao longo do uso do aplicativo, pois *toda a atenção do paciente está ali, ao passo que ele não está.* Sua atenção e sua capacidade de sentir prazer se mantêm ligadas, enquanto outras funções do aparelho psíquico foram narcotizadas. Penso que é essa dissociação entre funções egoicas que irá produzir um estado zumbi, representação que habita não apenas a análise de Atreyu, mas diversas expressões artísticas e culturais de hoje. Mas então podemos nos perguntar: o que é isso que foi desligado? Se a atenção do paciente está ali no *TikTok,* o que não está? Aqui podemos continuar escutando a opinião de Han, que argumenta que o estado de atenção multitarefa, ou então o investimento raso da atenção nos aplicativos, nos priva da atenção aprofundada e da experiência contemplativa. Ele segue:

Os desempenhos culturais da humanidade, dos quais faz parte também a filosofia, devem-se a uma atenção profunda, contemplativa. A cultura pressupõe um ambiente onde seja possível uma atenção profunda. Essa atenção profunda é cada vez mais deslocada por uma forma de atenção bem distinta, a hiperatenção. Essa atenção dispersa se caracteriza por uma rápida mudança de foco entre diversas atividades, fontes informativas e processos. E visto que ele tem uma tolerância bem pequena para o tédio, também não admite aquele tédio profundo que não deixa de ser importante para um processo criativo. Walter Benjamin chama a esse tédio profundo de um "pássaro onírico, que choca o ovo da experiência". Se o sono perfaz o ponto alto do descanso físico, o tédio profundo constitui o ponto alto do descanso espiritual. Pura inquietação não gera nada de novo. Reproduz e acelera o já existente.

Em nossa sociedade do cansaço, habitada pelo sujeito-zumbi--do-desempenho, o imperativo digital é o sequestro de nossa atenção. Muitas vezes esta se torna multitarefa — dispersa entre vários focos — num retrocesso para o mundo selvagem. Nesse estado de coisas, a primeira vítima parece ser um outro tipo de tédio — o tédio profundo — que pode mediar um equilíbrio entre vida ativa e vida contemplativa. Será que o filósofo conhece meu paciente? Pois é justamente isso o que Atreyu diz não tolerar, um tédio mais profundo que poderia reconectá-lo com outras necessidades pulsionais que não apenas o curto-circuito narcísico. Atreyu está aprisionado na atenção rasa e no tédio raso, atenção que interessa aos aplicativos, mas não ao sujeito. Por outro lado, o tédio profundo e a experiência contemplativa são mediadores de um mistério da alma humana: nossa capacidade para o gesto novo, inexplicável. O filósofo continua:

Quem se entedia no andar e não tolera estar entediado, ficará andando a esmo inquieto, irá se debater ou se afundará nesta ou naquela atividade. Mas quem é tolerante com o tédio, depois de um tempo irá reconhecer que possivelmente é o próprio andar que o entedia. Assim, ele será impulsionado a procurar um movimento totalmente novo. O correr ou o cavalgar não é um modo de andar novo. É um andar acelerado. A dança, por exemplo, ou balançar-se, representa um movimento totalmente distinto. [...] Comparada com o andar linear, reto, a dança, com seus movimentos revoluteantes, é um luxo que foge totalmente do princípio do desempenho.

Esbocemos uma breve síntese de nosso percurso. Na clínica, por uma série complementar de fatores o paciente perdia sua alma, tornava-se zumbi e era lançado no tédio apático. Pior ainda: perdia a capacidade de produzir uma representação de si como um desalmado, e, portanto, de se perceber como alguém sem alma. Sabíamos também que o uso de aplicativos provavelmente estimulava tal dinâmica de forças internas, engajando sua atenção, favorecendo o narcisismo primário, o imaginário e a pulsão de morte — esta traduzida na desobjetalização e no desmantelamento da função-alfa. Por fim, o argumento de Han informa que a função egoica da atenção é tensionada para sua forma multitarefa, rasa e ampla. A nova lógica digital parece obstruir a tolerância a esse tédio profundo, umbral de passagem para a vida contemplativa.

O zumbi, o desalmado, o robô, o lesado, o cabeçudo, são aqueles que não podem mergulhar na contemplação das coisas e de si mesmo. Estão presos na hiperatenção rasa, na repetição de um movimento automático, reproduzindo o que já existe. Estão mergulhados apenas em sua própria imagem e no próximo estímulo, narcotizados pelo prazer. A vida ativa se torna esvaziada sem seu complemento de contemplação. Seria justamente nesta em que mergulhamos para fora do Eu, para dentro da vida inconsciente ou para dentro do universo que se abre. Trata-se de uma experiência radical de *desinteriorização*. Quando experimentamos o estado contemplativo parece que não mais pensamos sobre o mundo, mas que o mundo se pensa através de nós. Tornamo-nos a consciência e o sonho das coisas. É nesse estado mental em que deixamos de acelerar o que já existe, de passar o dedo pelo *feed* do *Instagram*, ou de trocar o vídeo do *TikTok*. É a tolerância a tal experiência de tédio aprofundado que permite o gesto novo, a troca do andar pela dança. É o momento em que nasce uma ideia inexplicável, uma ação que não poderia ser prevista nem mesmo por uma análise completa e sistemática a respeito de toda a vida de alguém. Retomo aqui a ideia de Benjamin sobre esse tédio profundo, por ele chamado de "pássaro onírico, que choca o ovo da experiência". Penso que essa referência direta ao "onírico" nos permite uma tradução do fenômeno do tédio profundo e da vida contemplativa para dentro do campo psicanalítico.

Partindo da fenomenologia, o tédio parece não coincidir consigo mesmo em alguns momentos. Em primeiro lugar, temos o tédio raso do paciente, e depois, o tédio descrito por Han. Esse tédio profundo parece ser não um desligamento, mas uma suspensão da atividade egoica, quando se torna possível uma desinteriorização e uma permeabilização do Eu. Por um lado, ele se abre para o mundo externo, a partir da identificação com aspectos tácitos da vida — desde seus elementos mais complexos até os mais banais. Por exemplo, o Eu concorda com o infinito do universo, com a finitude humana, com o vento que faz dançar a copa das árvores, com as crianças brincando na rua etc.[14]

---

14 A respeito de tal suspensão das funções egoicas e da abertura do Eu para o mundo, evoco aqui ideia semelhante de Fabio Herrmann em seu tocante texto *Bondade* (2002). Ali o autor descreve metapsicologicamente um tipo de bondade que não se dá em torno de imperativos superegoicos e suas recompensas, mas

Por outro lado, ele mergulha em direção ao limite entre soma e psique, no qual vivem as pulsões, numa abertura para novos destinos possíveis da sexualidade infantil. Novas representações e fantasias que correspondem, no nível da superfície da consciência, ao brotamento de novas ideias, falas e ações não explicadas e não explicáveis. Momento no qual atravessamos a compulsão à repetição do traumático e o cacoete egoico pela síntese, quando o gesto novo vem a nascer — enigma que caracteriza a nossa espécie.

O caso de Atreyu permite pensar que hoje encontramos elementos intrapsíquicos e culturais que ameaçam a experiência do tédio profundo, lar da vida contemplativa e do redespertar pulsional. O resultado é uma depressão zumbizoide, o colapso das representações, o desligamento da própria percepção de si e a intolerância ao tédio. Nesse admirável mundo novo, onde pressões políticas e econômicas nos afetam também por meio da vida digital, as salas de psicanálise parecem oferecer resistência. Um recanto pós-moderno em que ainda podemos nos entediar, sentir sono, dormir e sonhar algo nunca antes sonhado.

---

justamente o inverso, quando o Eu invade o Supereu. "A bondade egoica, porém se dá quando o ego se diluiu por obra de um acórdão em suprema instância com os fatos da vida. [...] Quando o eu se confunde com os aspectos cíclicos do mundo em que vivemos, em especial com a sucessão das gerações, o sujeito universaliza-se nalguma medida e os atos universais, mesmo que num universo diminuto, são egoisticamente bons: servem a todos, queiram ou não queiram". Num diálogo imaginário entre Herrmann e Han, penso que este diria àquele que tal diluição entre Eu/Universo – que favorece a bondade egoica – necessita da desaceleração e do tédio profundo.

4. Psicanálise, *big data* e o capitalismo de vigilância[1]

> *"Deve renunciar à prática da psicanálise todo analista que não conseguir alcançar em seu horizonte a subjetividade de sua época."*
>
> Lacan, discurso de Roma, 1953.

Introdução

É melhor que se diga isso de uma vez, sem rodeios. Há poucos anos nossa espécie fez um progresso inédito em sua capacidade de prever o futuro. Motivado pelo prazer sexual com o domínio e com o lucro, possibilitado pela nova engenharia de extração/análise de dados na vida digital, e aproveitando transformações na cultura e no sujeito pós-moderno, o ser humano ampliou sua conquista sobre o Tempo. O pioneiro em tal tipo de incursão foi o *Google*, sendo rapidamente seguido por outras *big techs* — Amazon, Facebook, Microsoft, Apple

---
1 Trabalho apresentado em reunião científica na SBPSP em dez/21.

— e, em seguida, por uma série de empresas que trilharam o caminho que lhes foi aberto. O propósito de tais previsões nasceu no campo do consumo. É possível saber quem um sujeito há de ser e o que ele há de fazer para lhe vender um produto, sem que o mesmo perceba que está sendo conduzido silenciosamente em determinada direção. Depois, o objetivo das predições se deslocou da economia para a política: ao invés de vender produtos, o saber sobre o futuro pode ser usado para vender uma ideia. Dessa forma posso ser influenciado a comprar um objeto, a votar num candidato, ou então, simplesmente, a não votar. E novamente: do início ao fim, todo o processo se passa sem que minha atenção seja minimamente despertada.

A princípio, tais avanços no campo científico soam irreais. Mais uma vez em nossa história deparamos com fatos que são espantosos, e se leva algum tempo para digerir o que está em jogo. O universo não gira em torno da Terra. Nossa espécie não descende de uma divindade. O Eu não é senhor em sua própria casa. O futuro não pertence a Deus, mas a quem detém os dados digitais sobre as nossas vidas e o poder de decifrá-los. Depois da astronomia, da biologia e da psicanálise, agora é a vez da ciência de dados — o *big data* — e da ciência comportamental golpearem nosso sentimento de autonomia em relação ao todo de nossa existência. Desse modo, se tais premissas estiverem corretas, provavelmente há um conjunto amplo e profundo de transformações nos processos culturais, intersubjetivos e intrapsíquicos de hoje. Pretendo nomear algumas dessas mudanças para depois tentar refletir sobre esta nova sociedade-da-previsão-do-futuro e seus habitantes.

Assim, no intuito de investigar esse admirável mundo novo — no qual toda a nossa vida é pesquisável e o nosso futuro, previsível — irei me orientar por três eixos. Em primeiro lugar, buscarei descrever o fenômeno da conquista do Tempo no campo do consumo e da política, tentando lhe atribuir uma tradução metapsicológica. Depois, pretendo expor a existência de uma nova lógica econômica que pressiona pela fabricação de tais predições. Trata-se de um novo conjunto de forças que parece influenciar amplamente a produção de subjetividades em nosso tempo. Por fim, entrarei em detalhes a respeito da análise de um paciente, em que poderemos estabelecer pontes entre as novas estruturas sociais e os processos da psicologia profunda. Comecemos pelos exemplos práticos, que nos abrirão as portas para seguirmos adiante.

Simbolizar o presente, prever o futuro

Em 2012 o *New York Times* publicou um artigo chamado *How companies learn your secrets*. Nele encontramos a história de Andrew Pole, um cientista de dados que trabalha para a *Target* — grande rede de lojas de varejo nos Estados Unidos. Certo dia Pole recebeu um pedido pouco comum do departamento de marketing de sua empresa: "você conseguiria descobrir se uma cliente está grávida, mesmo que ela não queira que nós saibamos sobre isso?". Curioso, ele recebeu a explicação de que aqueles que acabaram de se tornar pais são especialmente visados por um varejista, pois estão muito propensos a adotar novos hábitos de consumo. Em geral, esses são bastante arraigados, mas se tornam mais abertos a mudanças quando passamos por momentos-chave de nossas vidas. Tratam-se de oportunidades ideais para aqueles que desejam modelar nossos comportamentos quando estamos fazendo compras no mundo físico ou virtual. Sendo assim, a estratégia tradicional da *Target* para encontrar e seduzir novos genitores era acompanhar o registro público das certidões de nascimento de seus filhos. No entanto, se isso pudesse ser previsto antes que a informação chegasse ao cartório, as vantagens comerciais seriam imensas. "Você nos conseguiria uma lista de mulheres grávidas?". Essa era a demanda dirigida a Pole e a sua equipe.

Nesse contexto, o cientista arregaçou suas mangas e começou a trabalhar. De saída, ele tinha como matéria-prima o vasto volume de dados sobre cada cliente oferecida pela companhia. Ao longo dos anos a própria *Target* aprendeu a minerar silenciosamente a intimidade de seus consumidores por meio de diversos métodos — hábitos de consumo, preenchimento de cadastros, pesquisas de satisfação, dados de navegação em seu site e aplicativo etc. Em complemento a isso, a rede de lojas também compra informações de cada pessoa que pisa em sua loja por meio de outras empresas especializadas na extração e na venda desses dados, como o *Google* e o *Facebook*. Sim, as *big techs* são especialistas em recolher nossas pegadas digitais e revendê-las a terceiros. Assim, a partir dessas duas fontes, o conjunto de dados disponíveis a nosso respeito é impressionante. Em uma declaração oficial, a *Target* se recusou a revelar quais dados pessoais ela extrai ou compra, mas podemos citar alguns exemplos do que é provável que se saiba a nosso respeito. A seguir faço uma lista de informações que se alternam entre dados "crus" e representações mais refinadas a nosso respeito, sendo estas estimadas por meio do processamento de tais dados em sua forma bruta:

Onde e como nascemos; nosso nome; idade; etnia; espiritualidade; estado civil; nossa árvore familiar; há quanto tempo estamos saindo com alguém/namorando/casados/divorciados; a identidade de cada uma dessas pessoas; nossas orientações e preferências sexuais; o método contraceptivo usado ou não; se temos ou não filhos/*pets* — e onde estes estudam ou recebem cuidado; nosso endereço pessoal; há quanto tempo nos mudamos; se pagamos o aluguel/condomínio/ prestações em dia ou não; o ano em que compramos ou perdemos nossa casa; profissão; endereço comercial; histórico de empregos; renda anual estimada; nossa rotina de deslocamento pela cidade ao longo do dia; qual cartão de crédito usamos e quais são as compras mais frequentes; quais sites visitamos e quanto tempo ficamos em cada um deles; todas as buscas na internet que fizemos nos últimos vinte anos; quais aplicativos que mais usamos no celular; onde e o que estudamos ao longo da vida; hábitos de leitura; qual tipo de assunto nos engaja a interagir no ambiente online; qual nossa marca de cereal, café e absorvente favoritas; nossas inclinações políticas — tanto as declaradas como as não declaradas; nosso estado de saúde; se temos alguma doença crônica que demanda tratamento contínuo; nossa pressão arterial, frequência cardíaca e hábito intestinal; a quantidade e qualidade de nosso sono — incluindo o número de microdespertares e minutos de sono REM; nossos procedimentos estéticos e a opinião estimada que temos do nosso próprio corpo; quantos carros temos — suas placas e as infrações de trânsito que cometemos; quais as causas que apoiamos e quais as que criticamos; o quanto doamos para caridade nos últimos anos e com quais tipos de ONG nos identificamos; os filmes e seriados que preferimos assistir e aqueles que interrompemos no primeiro episódio; quais os principais traços da nossa personalidade; nossas digitais e nossa fisionomia; por quais caminhos preferimos dirigir; o funcionamento dos nossos rins; quais substâncias circulam em nossa corrente sanguínea; nossos autores e personagens literários favoritos; quais bandas e músicas que mais ouvimos; o que nos provoca medo; o que nos provoca prazer etc.

Diante de tal emaranhado de informações, o papel de um cientista de dados é encontrar música na cacofonia. Ao longo dos meses, Pole e sua equipe iam construindo hipóteses e executando testes com sua volumosa matéria-prima — até que alguns padrões e sentidos pudessem emergir. E foi assim que, depois de muito trabalho, o seu departamento de Análise para Marketing de Clientes fez uma grande descoberta. Seus experimentos demonstraram que certos padrões de compra indicavam uma alta probabilidade de que uma cliente pudesse estar grávida. Entre eles estava a compra conjunta de vitaminas, bolas de algodão, desinfetante para mãos, toalhas de rosto, vitaminas e loções neutras — sem cheiro. Esta última era a mais chamativa, pois revelava uma mudança sutil na fisiologia e na sensopercepção de uma grávida. Devido a alterações hormonais, o olfato de uma gestante vai se tornando mais e mais apurado ao longo do tempo. Assim, odores que antes lhe eram inócuos começam a se tornar ofensivos, e isto a inclina a deixar o reino dos perfumes, pouco a pouco. Dessa forma, Pole percebeu que havia feito duas descobertas. A primeira era a lista que lhe havia sido solicitada. Seu novo algoritmo era capaz de identificar uma expectante com precisão ao redor de noventa por cento. O departamento de marketing celebrou, pois eles podiam usar essa informação para modelar novos padrões de consumo de forma sorrateira em pessoas potencialmente rentáveis. Mas isso não era tudo, e, para nossos interesses neste trabalho, nem mesmo o principal. O cientista e sua equipe logo notaram que seu sistema tinha o poder não apenas de apontar as mulheres que já se sabiam grávidas, mas também aquelas que desconheciam sua própria gravidez. *O algoritmo detinha o poder de saber sobre o corpo de uma pessoa antes do que ela mesma.* Ao final da investigação do *New York Times*, em forma de despedida, Pole disse ao jornalista que lhe acompanhara ao longo de alguns anos:

> *Apenas espere. Eu ainda irei te enviar cupons para coisas que você deseja antes mesmo que você perceba que as deseja.*

Penso que essa frase que veio do cientista em tom amistoso e cordial, não é apenas um jogo de palavras bem-humorado. Nela podemos identificar todos os seus longos anos de formação e experiência nas áreas de estatística e de economia. Além disso, por meio da matéria do *NY Times* também aprendemos que Pole sempre foi "obcecado pela intersecção entre dados e o comportamento humano durante a maior parte de sua vida". De fato, assim como muitos colegas de sua geração, ele havia aprendido a usar o *big data* e a inteligência de máquina para antecipar o futuro humano.

No segundo exemplo veremos como o mesmo método pode ser usado para vender não um produto, mas uma ideia — visando não apenas o lucro, mas a manipulação do sujeito na esfera política. Nosso foco agora se desloca para o Reino Unido, ao redor de uma polêmica empresa chamada *Cambridge Analytica*. Trata-se de uma companhia de consultoria política que, nos seus próprios termos, oferecia "comunicação estratégica para o processo eleitoral". Assim, ela anunciava prestar serviços de consultoria para partidos e outros atores interessados em campanhas políticas ao redor do globo. No entanto, apesar dessa fachada de assessoria política bem relacionada, pudemos ter mais informações sobre a real técnica de ação da empresa por meio da delação de dois de seus ex-funcionários — Brittany Kaiser e Chris Wylie. Este em particular diz como a empresa passou a comprar bancos e mais bancos de dados vazados pelo *Facebook* para saber sobre a personalidade de indivíduos de uma população. Dessa forma, eles poderiam construir estratégias de persuasão personalizadas e invisíveis, de forma a interferir diretamente sobre um resultado eleitoral. Nas palavras de Wylie:

Nós exploramos o Facebook para colher dados dos perfis de milhões de pessoas [...], e construir modelos para explorar o que sabíamos sobre elas e mirar nos seus demônios internos.

Um exemplo prático e assustador do *modus operandi* da *Cambridge Analytica* surge quando o seu CEO, Alexander Nix, tenta vender seu produto para novos clientes e usa como exemplo a interferência da empresa em eleições anteriores. Temos acesso ao seu discurso e proposta de negócio justamente por um vídeo que faz parte do material de delação da colega de Chris Wylie, Brittany Kaiser.[2] Em

---

2 The Great Hack. Direção: Amer, K. Nojaim, J. Produção: The Othrs. Estados Unidos: Netflix, 2019.

tal gravação, Nix diz que um dos modelos de sucesso da intervenção de sua consultoria era aquele das eleições para primeiro-ministro em Trinidad e Tobago em 2010. No vídeo delatado, o CEO explica que o país caribenho contém uma divisão entre dois povos e tradições específicas — os afro-caribenhos e os indianos — cada um deles representado por um partido e disputando o poder há gerações. A *Cambridge* havia sido contratada pelos indianos, e se pôs a trabalhar com o imenso volume de dados que tinha sobre cada trinitário-tobagense. Foi somente assim que sua equipe descobriu uma oportunidade de agir entre os jovens. Eles perceberam que na faixa etária de votantes entre 18-35 anos havia um sentimento de descrença com a política — motivada por sucessivos escândalos de corrupção no país. Além disso, pelo *big data* eles sabiam que os jovens afro-caribenhos e indianos se diferenciavam em relação ao respeito e submissão que sentiam pelos seus pais e pelas suas tradições. Por meio da análise de dados recolhidos ilegalmente nas redes digitais, havia uma predição de que os jovens afro-caribenhos se caracterizavam por uma independência maior em relação aos indianos. Mesmo que seus pais lhe indicassem um partido ou um candidato, era previsto que eles não seguiriam necessariamente tal indicação. Entre os descendentes indianos se dava o contrário — havia menos voz e espaço reflexivo no pensamento político em relação ao que era apontado pelos seus pais e avós. Assim, de posse de tais predições tão valiosas, Nix e sua equipe orquestraram uma ação sob medida para esse cenário. No áudio vazado, ele conta com todas as letras sua estratégia do Caribe:

> *Nós tentamos intensificar o sentimento de apatia [política]. A campanha tinha de ser não-política, porque os jovens não ligam pra política. Ela tinha que ser reativa, porque eles são preguiçosos. Então nós inventamos essa campanha, que era sobre "seja parte da turma, seja*

descolado, seja parte de um movimento" — e isso foi chamado de campanha *"Do So!"*. Isso significa: *"eu não vou votar!"*. É um símbolo de resistência, não contra o governo, mas contra a Política e contra o Voto.

A campanha *Do So!* foi um enorme sucesso à época, em especial entre os jovens de todas as etnias e entre aqueles que votariam pela primeira vez em suas vidas. O movimento ganhou um símbolo: dois punhos fechados e os braços cruzados à frente do corpo, imagem que foi grafitada por toda parte do país, inclusive nos muros da casa do primeiro-ministro de então. Depois, o mesmo símbolo viralizou nas redes sociais, e surgiram vídeos com uma dança que foi repetida à exaustão no *YouTube*. Nesses vídeos, jovens faziam uma coreografia específica que reafirmava o símbolo das mãos fechadas e salientava a mensagem do *Do So!* — "somos contra a Política, somos contra o Voto! Seja parte desse movimento, dance a nossa dança, e não vote!". Talvez uma das características mais chamativas no *Do So!* é que a campanha foi vivenciada pelos jovens sob os sentimentos de liberdade e espontaneidade. Ou seja, o produto milimetricamente calculado e vendido pela *Cambridge Analytica* continha a estética de um movimento popular, vindo do povo e para o povo. *Isso ocorreu porque essa empresa de consultoria política sabia, antes do que os próprios jovens trinitários, como estes se posicionariam.*

No dia da eleição, a predição do *big data* se mostrou bastante real. Os jovens afro-caribenhos — mais distantes das vozes de seus antecessores, que os aconselhavam a votar em seu partido — não votaram. Os jovens indianos — apesar de terem grafitado e dançado ao som dos princípios do *Do So!* — estavam mais atrelados à moral de suas famílias, e acabaram por votar no candidato que lhes foi indicado pela tradição. O resultado final foi contundente. Naquela faixa de eleitores entre 18-35 anos a abstenção foi recorde — 40%, em que predominavam claramente as abstenções afro-caribenhas. Tal abstenção entre os mais novos se traduziu em uma diferença significativa de 6% do total geral de votos, o que, numa eleição bem apertada, foi suficiente para garantir a vitória do partido índio-caribenho. Foi assim que a primeira-ministra que os representava tomou posse do cargo e discursou à nação ao final do processo eleitoral daquele ano. Nos bastidores, uma pequena empresa britânica comemorava, pois havia interferido no direito de um povo em se autodeterminar, garantindo a vitória de seus clientes e uma boa margem de lucro para si. Provavelmente, tal tipo de manipulação e afronta ao espaço democrático não aconteceram apenas no Caribe. Pelos vazamentos de Wylie e Kaiser[3] há denúncias de que a *Cambridge Analytica* participou de mais de duzentos processos eleitorais durante sua breve existência — incluindo a eleição de Trump na América do Norte e o *Brexit* no Reino Unido, ambos em 2016. Por conta das delações de seus ex-funcionários a empresa fechou suas portas em 2018, e hoje responde judicialmente junto ao *Facebook* em processos legais que correm em sigilo.

 Os exemplos de previsão do futuro por parte da *Target* e da *Cambridge Analytica* nos colocam diante de novas formas de manipulação do sujeito no mundo de hoje. Seja no âmbito do consumo ou da política, penso que as duas situações citadas deixam claro que existem novas formas de ameaça ao pensamento reflexivo e ao direito de escolher e se autodeterminar. Ambos os casos têm o poder de evocar nossa perplexidade e indignação, pois revelam processos nos quais somos reduzidos a consumidores de mercadorias e a massa de manobra partidária por meio de novos aparatos digitais. Peço ao leitor que se mantenha próximo a tais sentimentos desconfortáveis. Enquanto isso, buscaremos deslindar o método pelo qual

---

3 Kaiser, B. (2020). *Manipulados*: como a Cambridge Analytica e o *Facebook* invadiram a privacidade de milhões e botaram a democracia em xeque. Rio de Janeiro: HarperCollins Brasil.

opera a previsão do futuro, e seu uso para instrumentalizar a nossa alma. A nomeação, o pensamento e a reflexão serão fundamentais para recuperarmos o espaço que nos tem sido negado. Para isso, tentaremos aprofundar a fenomenologia e a metapsicologia desse intrincado processo.

Retornemos então para examinar um pouco mais os dois exemplos citados. No primeiro, a equipe de Análise de Dados da *Target* conseguiu prever que uma pessoa estava grávida por meio de sinais indiretos da transformação gravídica em sua sensopercepção. No início de uma gestação, um grande volume de hormônios circula no corpo feminino desde as primeiras semanas, provocando diversas alterações fisiológicas, como o aguçamento do olfato. Por conta disso, a gestante se inclina a mudar seu hábito de consumo para substâncias sem cheiro. No segundo, Nix e seus funcionários previram como dois subgrupos de jovens se manifestariam de forma oposta em relação às prescrições morais de sua tradição. A *Cambridge Analytica* fabricou uma campanha para intensificar a apatia política e o protesto contra o voto, e sabia que um grupo iria aderir com muito mais força do que o outro, fazendo a balança da eleição pender a favor de seus clientes.

Um primeiro ponto que chama a atenção é que nos dois exemplos, um observador externo pôde constatar algo a respeito do sujeito do qual ele mesmo ainda não tinha consciência. As alterações gravídicas e a propensão em seguir ou não a voz dos pais já existiam como informação no presente do organismo e no presente da vida mental inconsciente, mas ainda não haviam adentrado a capacidade de consciência do Eu e seu exame de realidade. Tal decalagem temporal se dá, pois a experiência e o registro do tempo, tanto em nível fenomenológico quanto cronológico, ocorrem apenas como função de uma pequena parte egoica do sujeito. Tal instância foi nomeada por Freud como função Cs-Pcp do Eu, e situada na periferia do aparelho psíquico — fronteira entre a realidade externa e a realidade interna.

Assim, observamos que dentro da complexa anatomia psíquica psicanalítica, a vivência e a simbolização do passar do tempo e da vida dentro do tempo correspondem apenas a uma fração no total da atividade mental consciente e inconsciente. E é apenas por esse motivo que, do ponto de vista de um outro que observa o sujeito, é possível constatar a existência de um fato orgânico no presente que ainda não foi elevado às condições de percepção e de simbolização do Eu. Ou seja, tal fato existe, ao mesmo tempo, no agora do organismo e no ainda-não-agora da consciência do sujeito.

Pois bem, uma vez explicitado tal descompasso na experiência do tempo entre as instâncias mentais, podemos voltar e analisar novamente o ato de antecipação do futuro pelas empresas em questão. Se olharmos tais casos com minúcia, perceberemos que tal antecipação não é exatamente uma previsão do futuro, mas uma previsão do presente que constitui um futuro provável, ainda não simbolizado/integrado ao Eu. Dentro dessa chave de leitura é possível afirmar que a *Target* havia *previsto o presente do organismo, mas o futuro da consciência do sujeito*. De forma análoga, no caso caribenho, a ligação amorosa com os pais e a postura arreflexiva frente a estes pode existir no tempo presente para a vida inconsciente do Eu, mas no tempo futuro para a reflexão do sujeito. Mais uma vez temos a mesma fórmula: a *Cambridge* havia *previsto o presente da identificação inconsciente do Eu aos pais e seus valores, mas o (possível) futuro da consciência do sujeito*.

Em aeroportos encontramos uma tela com muitos relógios, um ao lado do outro, e ali está o horário exato de diversas capitais ao redor do mundo. Em algumas o sol acabou de raiar, enquanto em outras ele está se pondo. Em um país podemos nos encontrar no primeiro dia do mês, enquanto em outro já se adianta o segundo. Da mesma forma descobrimos o passar do tempo quando observamos concomitantemente o organismo, o aparelho psíquico e o sujeito. Por exemplo, pode existir um fato orgânico no agora, que só será simbolizado e pensado conscientemente depois de alguns dias, semanas ou meses. Depois, existem as regiões mais profundas onde o tempo simplesmente não passa, como no fenômeno da persistência do tempo da sexualidade infantil no encontro com seus primeiros objetos de amor de cuidado. Ali há sempre um presente do mesmo passado, que pressiona para ser representado no agora de hoje — como um relógio no qual os ponteiros não andam. Eis o modelo da atualização do infantil nas formações do inconsciente: sonhos, os sintomas neuróticos etc. Além disso, em outra topografia mental como o Isso, o tempo simplesmente não existe — no fundo do caldeirão pulsional não há relógio e tampouco ponteiros.

Pois bem, uma vez colocado tal modelo do fuso-horário — onde há diferentes tempos ao mesmo tempo — agora nos encontramos em melhor posição de avaliar qual o significado metapsicológico da extração de dados e da inteligência de máquina no contexto da predição do ser humano. Tomemos um exemplo clínico em que a tecnologia não está presente, e então talvez o procedimento digital ganhe um sentido mais justo ao longo da exposição. Trata-se de uma paciente que atendo há alguns anos, e que sempre vem nos primeiros horários da manhã. Certo dia ela chega à sessão exaltada, deita e diz:

– *Você não vai acreditar: estou grávida!*

– *É mesmo?*

– *Sim, acabei de ter um sonho onde eu estava grávida, e acho que estou mesmo!*

– *Você fez o teste?*

– *Ainda não, foi tudo agora, levantei e vim direto pra cá. Vou colher um exame de sangue depois, mas estou sentido que é muito verdade!*

– *Como foi o sonho?*

– Eu estava num jardim que tinha umas plantas carnívoras, achei elas lindas e fui passar a mão. Quando eu vi de novo, uma delas tinha me mordido, mas eu achei estranho porque não estava doendo tanto assim. Daí, de repente, o sonho trocou de lugar. Eu estava em casa, sentada na varanda com a planta pendurada no meu colo, mordendo meu peito. Olhei pra baixo e vi meu barrigão.

Depois da sessão, o exame de sangue confirmou o que o oráculo noturno já sabia. Como formação do inconsciente sobredeterminada, sabemos que um sonho costura diversos elementos. Exponho brevemente as principais linhas associativas da paciente a respeito do mesmo. Numa primeira camada temos suas associações sobre preocupações com a maternidade, em especial com a possibilidade de sentir dor durante a amamentação e de como ficaria sua vida quando privada de sono. Depois, seguimos um fio que conduz à agressividade. Ela sente medo ao ouvir algumas amigas contarem que por vezes sentem muita raiva de suas crianças, e que algumas já tiveram sonhos de violência contra as mesmas. Inversamente, um medo de que um filho venha a ter raiva dela, de que chegue a lhe agredir fisicamente — algo que aponta para mitos e fatos biográficos de seus pais e antepassados. Por fim, a psicossexualidade oral da paciente, representada pela "planta carnívora" — símbolo que também se manifesta no campo transferencial-contratransferencial por onde circulam fantasias conscientes e inconscientes de que um possa vir a engolir o outro. Trata-se de uma paciente fascinada por filmes nos quais existem animais fantásticos que devoram e incorporam outros personagens, por exemplo, documentários e ficções sobre tubarões gigantes que canibalizam sua própria espécie e que também se alimentam de outros seres. Um outro tema frequente em suas sessões é o filme *Alien*, um personagem tão oralizado e voraz que tem duas bocas, uma saindo de dentro da outra para arrancar pedaços, mastigar e se alimentar de seres humanos. De minha parte, muitas vezes me sinto "sugado" e "consumido" quando a atendo, como se ela tivesse se alimentado de partes de mim durante seu horário. E isso parece se ligar ao fato de que a paciente arrota muitas vezes durante as sessões, como se estivesse empanturrada por ter comido em excesso. Tais sintomas transitórios de um lado e de outro desenham algumas linhas gerais do campo T-CT.

No entanto, todos esses elementos de ordem psíquica não esgotam as possibilidades de causa para esse sonho. Devemos levar em conta que a paciente estava perto da segunda ou terceira semana de gestação, quando o tsunami hormonal já circulava pelos seus vasos sanguíneos, provocando uma série de alterações anatômicas e fisiológicas. Para citar apenas duas delas, a própria mudança olfativa descoberta pelo algoritmo da *Target* e a frequente sensação de dor ou desconforto nos seios. No entanto, tais elementos nascem de modificações no organismo, e num primeiro momento ainda não encontram inscrição mental. Como pensar o papel do orgânico na construção do psíquico nesse caso? No início de *A Interpretação dos Sonhos* (1900) Freud visita diversos autores que já haviam refletido sobre o papel da fonte somática na formação dos sonhos. Ele cita desde Aristóteles até neurologistas de sua época, e todos concordam que patologias ou outras excitações orgânicas podem conduzir à formação de sonhos. Ao longo de sua *opus Magnum*, Freud não irá desdenhar da fonte somática, mas redimensioná-la como um tipo de estímulo com o qual a *Sexualtrieb* — conceito elevado à força motriz onírica principal — se ligará para produzir o sonho. Penso que o caso de minha paciente também pode ser pensado dessa forma. A crescente transformação orgânica vai se fazendo mais e mais barulhenta e passa a pressionar o aparelho psíquico por simbolização e integração. Ao mesmo tempo, a pulsão sexual exerce sua pressão — *Drang* — e aproveita tais estímulos somáticos e outros restos diurnos para se fazer representar no conteúdo latente e manifesto. Eis a famigerada metáfora do empresário (estímulos somáticos e restos diurnos psíquicos) e do capitalista (desejo infantil recalcado).

Depois de Freud, uma outra forma de pensar o lugar do somático na simbolização onírica é a partir do trabalho de Bion. Ele propõe a clássica transformação de elementos-beta em elementos-alfa, por meio da função-alfa. No *Dicionário Enciclopédico de Psicanálise da IPA*, encontramos uma definição sobre os primeiros:

> *Como os elementos beta são estímulos sensoriais antes de adquirirem qualquer significado, eles são diferentes do conceito de "representações" de Freud. Enquanto o último pode ser consciente ou inconsciente, os elementos beta são, por definição, além — ou melhor, anteriores — à consciência, eles não são psíquicos, mas "existem" ou estão registrados apenas em um contexto somático ou em nível neurobiológico (os órgãos sensoriais e o cérebro são partes do último). [...] É importante notar que os elementos beta são necessariamente inconscientes, porque eles ainda não são psíquicos, mas não porque sofreram recalcamento ou outra alteração defensiva exigida pelo conflito com o superego, ou a ansiedade produzida pelos significados prazeroso ou assustador de seu conteúdo. Uma vez que os elementos beta são transformados em elementos alfa — ou seja, eles podem se tornar psíquicos — eles podem atingir a saturação de significado, adquirir status simbólico, estar ligados a outros elementos mentais para formar fragmentos de narrativas, cadeias associativas etc. É então que adquirem status como representações e podem ser usados para formar pensamentos e ideias que podem ser trazidas à consciência ou recalcados no inconsciente por causa da ansiedade que despertam.*

Dessa forma, é possível pensar que o todo do processo de gravidez produz um aumento contínuo de excitação somática. Esta por sua vez pode ser nomeada como volume crescente de elementos-beta, que pressionam por entrar no aparelho psíquico por meio da ação mental inconsciente da função-alfa. Chamo a atenção do leitor para esse caminhar progressivo da simbolização primária, que parte dos estímulos-orgânicos-elementos-beta até as representações-elementos-alfa, fazendo a travessia de fora para dentro do aparelho psíquico. Nesse ponto estamos em condição de voltar e arriscar um sentido metapsicológico para os dados e a previsão do presente/futuro do organismo/sujeito.

Retomo o exemplo da *Target*, que por meio das mudanças em hábitos de consumo consegue prever o estado de gravidez de uma pessoa. A mudança de hábito na compra de loções perfumadas por aquelas sem odor diz respeito a alterações fisiológicas ainda não representadas psiquicamente pelo sujeito, e por isso mesmo, ainda não passíveis de serem conscientes ou pensadas. Em linguagem psicanalítica desenvolvida até aqui, tratam-se de elementos-beta que ainda não fizeram sua travessia até o status simbólico. Assim, podemos pensar que os dados comportamentais que aquela cliente produz, e que são recolhidos silenciosamente pela empresa, são derivados de tais elementos que existem apenas no nível sensorial-biológico. Nesse caso específico, deparamos com a ideia de que a variação nos dados de consumo das futuras mães pode ser entendida como a *materialização digital de elementos-beta*. Seguindo por esse caminho, e supondo que a inteligência de máquina processa esse conjunto de dados para gerar uma saturação de sentido específico — a previsão de gravidez — chegamos na ideia seguinte. *O conjunto de ações computacionais que transforma uma massa de dados sem sentido em previsão simbolizada do futuro pode ser comparado com o trabalho da função-alfa que digere os elementos-beta.*

Para explorar a estranheza de tais formulações, sugiro compararmos o sonho de gravidez de minha paciente com as previsões da

Target a respeito de suas clientes. O aumento de excitação orgânica — também chamada de elementos-beta — atinge um nível crítico e solicita o trabalho da função-alfa. Ao mesmo tempo, a fonte somática parece oferecer uma oportunidade para o desejo inconsciente ganhar corpo e tomar forma, o que sobredetermina a construção onírica. O processo envolve o orgânico e o psíquico, mas se restringe ao mesmo sujeito. O produto da simbolização são as representações oníricas que se oferecem de volta à própria sonhadora, e que relançam sua análise pessoal segundo suas possibilidades e suas escolhas. No caso da *Target*, a inundação orgânica acontece da mesma forma. No entanto, aqui vemos que os elementos-beta sofrem um desvio. Ao invés de apenas pressionarem por simbolização dentro do próprio sujeito, nesse caso eles também serão materializados em forma de dados digitais — a variação no hábito de consumo. A partir daqui, tal massa de informações — que também poderia ser entendida como elementos-beta digitalizados — não seguirá pela via intrapsíquica da função-alfa e do trabalho do sonho. Ela será encaminhada para a inteligência de máquina que, em analogia com a função-alfa, irá transformar elementos desprovidos de significado em previsões do futuro saturadas de sentido. O processo envolve o orgânico, o psíquico e a máquina, e não se limita mais ao mesmo sujeito. O produto da simbolização digital são as representações de presente/futuro sobre aquela cliente. No entanto, tais representações não serão entregues àquela que está grávida, mas sim a uma empresa que deseja converter tal vantagem de conhecimento em venda de produtos. *No primeiro caso, a sonhadora sonha os seus próprios sonhos, e faz deles autoconhecimento segundo seus interesses. No segundo, é a máquina que sonha os sonhos de uma gravidez humana, e faz deles lucro de acordo com o interesse de terceiros.*[4]

---

4 Seguramente cada um de nós ainda poderá dar respostas singulares e específicas a tais forças externas, mas acho fundamental poder nomear e marcar estas novas linhas de tensão econômica que influenciam a constituição da subjetividade e do sujeito no mundo de hoje.

Daqui em diante podemos extrapolar o mesmo modelo citado para a previsão da *Cambridge Analytica* sobre o comportamento eleitoral dos jovens tobagenses. No entanto, há uma diferença crucial, a saber, o tipo de matéria-prima que irá gerar os dados eletrônicos. No caso das grávidas, a informação se cria a partir de uma materialização de transformações biológicas. A isso demos o nome de "materialização de elementos-beta" ou "elementos-beta digitalizados". No caso da empresa britânica, os dados extraídos sorrateiramente tinham sua origem na ligação libidinal dos jovens com as imagos parentais e seus valores. Em outras palavras, neste exemplo não temos a materialização de estímulos orgânicos, mas a materialização de representações inconscientes — provavelmente recalcadas e estabelecidas no Ideal do Eu como herdeiro do complexo edípico. De alguma forma obscura tais investimentos libidinais se materializaram em dados digitais, que puderam prever a aderência dos jovens indianos à moral de sua tradição. Nesse ponto, outro exemplo clínico seria esclarecedor para compreendermos como esse processo é sequer factível.

Cito um tipo de dinâmica frequente no campo transferencial-contratransferencial, no qual o objeto edípico de um paciente começa a ser projetado na direção do analista, reinstalando a assimetria entre criança e adulto. Num primeiro momento, este aceita tal identificação de forma inconsciente e usa de seu lugar de poder, sugestionando e fruindo do amor (in)consciente de seu analisando. *A posteriori*, e favorecido pela sua análise pessoal e supervisão, o analista se dá conta de tal dinâmica. Ele percebe a tempo que está mais para hipnotizador do que para psicanalista. Sua elaboração muda a qualidade de seu estar-com o paciente e de suas intervenções, que agora apontam mais para a investigação dos processos inconscientes do que para o alívio de ansiedades. O complexo edípico e suas representações — até então desconhecidos para a dupla — começa a emergir ao longo das sessões e a provocar efeitos analíticos segundo o princípio

"Onde era Isso, há de ser Eu". Como se vê, uma análise também ocorre por meio da produção e do vazamento de dados. Neste caso o paciente não parte dos elementos-beta ainda não psiquicizados, mas de símbolos já constituídos e recalcados. Esses se deslocam por meio da dinâmica da transferência, em que imagos soterradas e paralisadas começam a se movimentar em torno da livre-associação dirigida ao analista. Num primeiro momento este faz um conluio com seu paciente e passa a agir em torno da representação projetada. Por outro lado, o desejo do analista de conhecer e pensar sobre os processos psíquicos profundos predomina sobre a atuação, e assim a análise vai se abrindo e se aprofundando, lentamente.

Pois bem, comparemos agora essa vinheta clínica com a ação da *Cambridge Analytica*. Um jovem índio-tobagense se encontra na mesma situação do analisando supracitado, mas com a diferença de que não se encontra em análise. Mesmo assim, sua ligação amorosa inconsciente com imagos parentais se transfere e se materializa de outras formas. Se isso não se dá na direção de um analista, o fenômeno seguramente ocorre no deslocamento para pequenas ações sintomáticas do dia a dia — as quais serão traduzidas em dados computacionais pela arquitetura digital invisível e ubíqua que nos cerca. Num exemplo hipotético mas bastante verossímil, digamos que a extração invasiva de dados detecte que tais indivíduos e seus pais e avós se conectam semanalmente, no mesmo horário, com a mesma rede de Wi-Fi de um mesmo centro espiritual. Nesse caso, não seria provável que os filhos sigam os mesmos preceitos religiosos dos pais? Ou então podemos pensar em outros exemplos nos quais se tornaria possível saber se os filhos compram os mesmos livros que seus pais, se uma família compartilha o mesmo gosto musical, se o GPS dos adolescentes se movimenta durante as madrugadas ou não etc. São casos em que vemos que as representações inconscientes se traduzem em pequenas ações cotidianass que alimentarão os algoritmos de simbolização/predição. *Aqui os dados não mais se* assemelham a materializações de elementos-beta, mas a materializações de conteúdo já integrado ao psíquico e recalcado. Por isso mesmo, nesse caso a inteligência de máquina que irá prever o comportamento de tais jovens *não se parece mais com a função-alfa, mas com a função analítica de construção* — como conceituado por Freud em *Construções na Análise* (1937). O texto diz sobre um analista trabalhando:

> *Ele terá que adivinhar, ou melhor, construir o que foi esquecido, com base nos indícios deixados. [...] Seu trabalho de construção — ou, se preferirem, de reconstrução — mostra uma ampla coincidência com o do arqueólogo, que faz a escavação de uma localidade destruída e enterrada ou de uma edificação antiga. [...] [mas] é diferente com o objeto psíquico, cuja pré-história o analista procura levantar.[...] Tudo de essencial está preservado, até mesmo o que parece inteiramente esquecido se acha presente em algum lugar e de algum modo, apenas soterrado, tornado indisponível para a pessoa (p. 330-332).*

Justamente, no campo do inconsciente recalcado, tudo o que é fundamental está preservado e encontrará formas de se manifestar repetidamente numa análise. Mas não só. Descobrimos nesse ponto da história humana que tais estruturas persistentes também pressionam o sujeito a deixar pegadas e mais pegadas digitais — que são recolhidas com zelo, processadas e vendidas pelas *big techs*. Se um analista usa sua própria imaginação e criatividade para "adivinhar" o recalcado arqueológico em meio aos dados vazados dentro do processo analítico, a inteligência de máquina é capaz de promover alguma ação análoga, transformando o entulho de dados vazados na vida online em representações específicas do presente que podem prever o comportamento humano. A *Cambridge Analytica* provavelmente *reconstruiu e diferenciou estruturas recalcadas presentes em dois grupos distintos de jovens.* Ao invés de participá-los dessa descoberta — como se daria numa análise — a empresa a usou para manipular votos em uma eleição nacional.

É hora de esboçarmos uma síntese. Desde os primeiros momentos de uma análise pessoal podemos perceber que à vida inconsciente falta materialidade e sobra eficácia. As misteriosas forças pulsionais sempre precisam se ligar a elementos já estabelecidos no aparelho psíquico para poderem tomar corpo e coragem. Pois bem, uma vez que hoje vivemos numa sociedade da informação, a pesquisa a respeito de uma metapsicologia sobre os dados volta a tocar no tema da imaterialidade do inconsciente e em suas formas de corporificação.

Ao longo de nossas vidas estamos deixando para trás vestígios digitais por toda a parte, desde o momento em que acordamos até o instante em que voltamos a adormecer — e muitas vezes até mesmo durante o sono. O exame das ações de empresas como a *Target* e a *Cambridge Analytica* nos mostra que tais dados também podem ser entendidos como a materialização de aspectos inconscientes de nossa mente. No primeiro caso, os dados a respeito das mudanças hormonais-fisiológicas parecem se aproximar do conceito bioniano de elementos-beta. No segundo, os dados a respeito da ligação amorosa com as imagos parentais parecem se aproximar do conceito freudiano de representações recalcadas. Os dados não correspondem exatamente a tais elementos em si, mas lhe oferecem substancialidade e visibilidade parcial. Eles são a reificação de hábitos, costumes e pequenas atuações (*Agieren*), que carregam em si mesmas as marcas de conteúdos inconscientes ou ainda-não-inconscientes. Além disso, também devemos sublinhar que tudo isso se passa ao largo de nossa capacidade de percepção-consciência de tais fenômenos no mundo de hoje.

Teríamos ido longe demais ao afirmar que os dados que vazamos podem ser entendidos como materialização digitalizada da vida inconsciente? Mais surpreendente ainda parece ser a próxima conclusão. Pelo percurso realizado até aqui, seria preciso considerar seriamente a hipótese de que a vigorosa inteligência de máquina — alimentada e treinada pela exorbitante massa de dados — apresenta capacidades que se aproximam da simbolização primária (função-alfa) e da adivinhação do recalcado (reconstrução). O poder computacional das *big techs* parece ser capaz de desfazer o caráter "bruto" e "agido" dos dados e elevá-los ao estado representacional. Tratam-se de funções da mente humana que são complexas e refinadas, e que até aqui se supunham existir apenas de forma analógica, no contato entre pessoas.[5] Justamente, essa antecipação temporal da ação simbolizante da máquina em relação ao sujeito é aquilo que permite *simbolizar-o-presente-prevendo-o-futuro*. Como membro

---

5 Nesse ponto, meu argumento poderia ser atacado da seguinte forma: não é a máquina que opera tais funções de simbolização, mas sim os seres humanos que as programam e as controlam. Pois bem, para responder a essa questão seria necessário um mergulho um pouco mais demorado no campo da inteligência artificial. Em particular, nos avanços recentes do aprendizado de máquina, nos sistemas de redes neurais profundas e nas diferenças entre aprendizado de máquina supervisionado e não supervisionado por humanos. Penso que o recorte de tal estudo escapa ao presente trabalho, e pretendo fazê-lo mais adiante. Por ora talvez seja suficiente pontuar que a atual inteligência de máquina não apenas expande nossa capacidade egoica de encontrar padrões e fazer previsões, mas também é capaz de nos superar em jogos complexos. Por exemplo, no ano de 1997 o campeão mundial de xadrez Garry Kasparov foi derrotado pelo algoritmo da IBM, *Deep Blue*. Mais recentemente, em 2016 um algoritmo chamado *AlphaGo* derrotou Lee Sedol, campeão mundial e um dos maiores atletas na história do jogo de tabuleiro Go. Ambos os jogadores virtuais aprenderam e venceram apoiados nas mesmas premissas do aprendizado de máquina usado pela *Target, Cambridge, Google, Facebook* etc. Dessa forma, pergunta-se: para realizar tais feitos, não podemos afirmar que os algoritmos em questão alcançaram capacidades simbólicas parciais? Em caso afirmativo, essas capacidades são meros reflexos da capacidade simbólica de seus programadores?

de nossa espécie, sinto que tal hipótese é incômoda. A mim seria melhor pensar que tais capacidades estivessem reservadas a nós.

Essas ideias lançam novas questões, e a investigação deve continuar apesar de nossas dores narcísicas, ou justamente por conta delas. Na sequência, veremos que a invasão da intimidade do sujeito de hoje pelo imperativo de extração de dados não é uma idiossincrasia desta ou daquela empresa, mas sim uma nova lógica econômica generalizada, e que almeja ubiquidade. A explicitação de tal lógica e sua relação com as subjetividades e com o sujeito no mundo de hoje passa a ser agora o foco de nosso interesse

O capitalismo de vigilância

Every breath you take

Every move you make

Every bond you take

Every step you take

I'll be watching you

Every single day

Every word you say

Every game you play

Every night you stay

I'll be watching you.

A vigilância presente na canção de sucesso do *The Police* parece ser uma boa introdução para as transformações que vêm ocorrendo no cenário econômico atual. Usemos nossos medos, prazeres e demais reações a respeito do par *exibicionismo/voyeurismo* como pano de fundo para seguirmos em frente. Em 2019 a filósofa e professora emérita da *Harvard Business School*, Shoshana Zuboff, lançou o livro *The Age of Surveillance Capitalism: the fight for a human future at the new frontier of power*. Nele, a autora defende a tese de que vivemos uma nova estruturação econômica — o "Capitalismo de Vigilância" — termo que ela mesma cunha e define nos seguintes termos:

Ca-pi-ta-lis-mo de vi-gi-lân-cia, subst.

1. Uma nova ordem econômica que reivindica experiências humanas como matéria-prima gratuita para práticas comerciais ocultas de extração, predição e vendas; 2. Uma lógica econômica parasítica na qual a produção de bens e serviços é subordinada a uma nova arquitetura global de modificação de comportamento; 3. Uma funesta mutação do capitalismo, marcada por concentrações de riqueza, conhecimento e poder sem precedentes na história da humanidade; 4. A estrutura que serve de base para a economia de vigilância; 5. Uma ameaça significativa para a natureza humana no século XXI, assim como o capitalismo industrial foi para a natureza nos séculos XIX e XX; 6. A origem de um novo poder instrumentário que afirma seu domínio sobre a sociedade e propõe desafios surpreendentes para a democracia de mercado; 7. Um movimento que pretende impor uma nova ordem coletiva baseada na certeza absoluta; 8. Uma expropriação de direitos humanos fundamentais que é melhor compreendida como um golpe: a derrocada da soberania do Povo (p. 14).

Zuboff introduz o método capitalista como aquele que traz para dentro da lógica de mercado elementos que antes se encontravam fora da mesma. Num exemplo clássico, o capitalismo industrial reivindicou a Natureza, arrastando-a para dentro de seus domínios sob a forma de propriedade privada ou de matéria-prima para a fabricação de mercadorias. Em sua nova versão — o capitalismo de vigilância — é a Natureza Humana (experiências pessoais íntimas/privadas) que está sendo convertida em matéria-prima para a fabricação de um novo tipo de produto: predições acuradas de quem seremos e de como agiremos no futuro. Como temos visto, no fundo se trata de uma indústria de predição do futuro.

Até aqui, nada de novo, uma vez que o vaticínio sempre fez parte do desejo humano, da tiromancia à quiromancia, e passando por todos os outros métodos de adivinhação do que será. Estamos perto do que Freud descreve como o prazer humano no domínio da Natureza, seja no Espaço ou no Tempo. No entanto, se até aqui a previsão do futuro se fez charlatanismo, psicologia ou arte, o desenvolvimento atual da engenharia de dados e o crescimento exponencial da inteligência de máquina vem transformando a previsão do futuro em Ciência, por meio da antecipação de funções simbolizantes do próprio sujeito — como proposto no item anterior.

Assim, o lugar que nos cabe nessa nova ordem econômica é o de abastecer a nova linha de produção pela digitalização crescente de nossas vidas. Em outras palavras, a materialização de nossos elementos psíquicos e pré-psíquicos (elementos-beta, representações recalcadas etc.). Isso porque o trabalho de simbolização-do-presente-predição-do-futuro que ocorre por fora do sujeito só pode ser efetivo se houver grande volume e diversidade de dados a seu respeito. Por isso, a atividade de simbolização-predição depende do imperativo de extração de dados. Atualmente inúmeros cientistas passam seus dias pesquisando e desenvolvendo formas mais e mais eficientes de nos engajar na vida online, em que nossas informações pessoais são garimpadas sem o nosso completo entendimento ou consentimento. Por exemplo: cada lugar ao qual levamos nosso smartphone e seu GPS; cada chamada que fazemos ou Wi-Fi ao qual nos conectamos; cada pesquisa em sites de busca; as mensagens trocadas por *WhatsApp,* cada foto que postamos, comentários que escrevemos ou *#hashtags* que marcamos; cada *like* ou curtida; livros que compramos nos sebos digitais, pedidos de comida pelo *iFood,* viagens com o *Uber* ou caminhos pelo *Waze.*

Bem, se em algumas dessas situações nós temos algum conhecimento de que estamos compartilhando dados pessoais com terceiros, na grande maioria dos casos não estamos cientes do que realmente se passa. Deparamos com "termos de consentimento" enormes, escritos sob medida para desencorajar nosso senso crítico, e invariavelmente clicamos na opção "concordo e aceito". Mesmo sem percebermos, cada uma dessas ações deixa para trás um excedente de pegadas digitais que são recolhidas com diligência pelas empresas especializadas nesse tipo de extração. Mais uma vez: nossas vidas estão sendo transformadas em dados virtuais que serão usados como insumos para a produção de uma nova mercadoria: a simbolização-predição de quem seremos agora, em breve e no futuro. Vivemos num tempo em que se pode saber *antes que o próprio sujeito* se uma pessoa está grávida, se irá ou não votar, se é portador de uma doença, sobre a provável orientação política e sexual de um indivíduo etc. Existe atualmente uma divisão de conhecimento em nossa sociedade, na qual nos encontramos em estado de *nudez* diante de um pequeno número de empresas que detêm enorme poder.

Todo esse processo se dá por meio de uma sofisticada indústria tecnológica, apoiada em avanços científicos inimagináveis. Uma vez fabricadas, tais simbolizações-predições de nosso presente-futuro serão vendidas para as empresas que fizerem a maior proposta em um novo tipo de mercado. Assim como há mercados para o futuro do dólar ou o futuro da soja, vivemos uma época em que nossos prováveis futuros são comercializados. São mercados de futuros da escolha humana, nos quais as mais íntimas de nossas condições e decisões são antecipadas e vendidas pelo maior lance. Foi exatamente isto o que aconteceu nos casos já examinados da *Target* e da *Cambridge Analytica*, clientes que pagaram pela estimativa de nosso devir. E tudo isso ocorre sem que nossa percepção seja minimamente despertada, fato que justifica o emprego do termo *vigilância*. Empresas de dados sabem tudo sobre nós, mas não sabemos nada sobre elas ou sobre os seus métodos. Os produtos fabricados são *sobre* nós, mas eles não se destinam *para* nós. Eles se destinam para empresas de propaganda e atores políticos ocultos, que usarão tais previsões para modelar nosso comportamento no âmbito da política e do consumo.

Sim, a princípio isso soa como trama distópica de algum filme na *Netflix*. No entanto, já nos encontramos imersos nessa lógica há alguns anos, enquanto os capitalistas de vigilância aprenderam a anestesiar nosso senso crítico por meio de diversas estratégias. Tomar contato com fatos tão perturbadores pode despertar defesas, que se manifestam em frases do tipo: "não tenho nada a esconder"; "eu não me importo que algumas empresas saibam sobre a minha vida"; "essa é a evolução natural da internet"; "sou apenas um em meio a bilhões de pessoas, quem vai se interessar justo em mim?"; "mas em troca eu posso usar sites, aplicativos e serviços de forma gratuita"; "as empresas pegam meus dados e me mandam propagandas sobre o que me interessa, qual o problema nisso?", "não me considero alguém influenciável", "meu voto não pode ser corrompido por esse sistema" etc. Cada uma dessas posições levanta debates importantes, e todos eles têm o potencial de acordar o pensamento e a reflexão sobre tais fenômenos inéditos de nossa cultura. Por outro lado, tais posições podem contribuir para que a questão continue silenciada, assegurando o lugar que nos foi designado neste novo *fordismo* digital invisível.

Zuboff aponta para o *Google* e depois para o *Facebook* como os primeiros capitalistas de vigilância, as primeiras "placas de petri" onde podemos observar o surgimento dessa nova cepa do capitalismo. Em seu livro, ela se debruça sobre a história de ambos e passa a detalhar a forma como essa nova ordem econômica surgiu, evoluiu e se infiltrou em nossas vidas. "No começo nós pesquisávamos no *Google*. Hoje em dia, o *Google* pesquisa em nós". Com o passar do tempo, mais e mais companhias vêm adotando o mesmo sistema. E se alguma dúvida puder surgir sobre a qualidade e o valor dessa nova mercadoria de simbolização-predição, tudo o que há para constatar é o fato de que as empresas pioneiras neste tipo de negócio são as mais valiosas na história do capital. Elas não vendem produtos físicos e não cobram taxas pelos seus serviços. Em outras palavras, são megacorporações que se tornaram incrivelmente lucrativas ao vender tão somente a simbolização-de-nosso-presente-previsão-do--nosso-futuro. São videntes modernas que se tornaram bilionárias por conta de sua eficiência em dois pontos. Primeiro, em dar substância ao inconsciente — renderizar nossos hábitos cotidianos e pequenas atuações invisíveis em dados digitais. Depois, sendo capaz de usar tal matéria-prima para — por meio de avançada inteligência computacional — emular atividades de simbolização de forma similar à função-alfa e à atividade de construção psicanalítica.

Pois bem, uma vez explicitadas as linhas gerais dessa nova estrutura, podemos dizer que há muito a Psicanálise tem interesses clínicos e teóricos sobre o campo da Economia. Em *Acerca de uma visão de mundo (1933),* Freud comenta:

> *As pesquisas de Karl Marx sobre a estrutura econômica da sociedade e a influência das diversas formações econômicas sobre todas as esferas da vida humana conquistaram uma autoridade indiscutível em nossa época"* (p. 347).

Em seguida, o psicanalista faz duras críticas a quem interpreta o marxismo como história natural das formações sociais, sem levar em conta a singularidade do sujeito. Ele continua:

> *A força do marxismo não está, evidentemente, em sua concepção de história ou nas predições do futuro que nela se baseiam, mas na inteligente demonstração da influência avassaladora que as relações econômicas dos seres humanos têm sobre suas atitudes intelectuais, éticas e artísticas. Desse modo foram desveladas muitas conexões e interdependências, que até então haviam sido quase inteiramente ignoradas (p. 349).*

Assim, depois de reconhecer a "influência avassaladora" que a Economia tem na produção de subjetividades e nos modos de ser e de sofrer do sujeito, Freud aponta para a possibilidade de pesquisa numa região de cruzamento entre tais campos de conhecimento:

> *Se alguém pudesse mostrar detalhadamente como esses diversos fatores, a compleição pulsional humana, suas variações raciais e suas transformações culturais se comportam sob as condições de ordenação social das atividades profissionais e dos meios de subsistência, como inibem e promovem uns aos outros; se alguém fosse capaz de fazê-lo, complementaria o marxismo de modo a torná-lo uma verdadeira ciência da sociedade (p. 350-351).*

Por consequência, aqui se abre uma vereda para o pensamento que permite o trânsito entre as relações econômicas, as atividades profissionais, a ordenação social, as transformações culturais e o sujeito psicanalítico. Sinceramente, como poderia ser de outra forma? Acompanhar pacientes em análise no SUS, nos serviços voltados à comunidade ou no consultório particular não revela nenhuma variação significativa no campo T-CT, no conteúdo de fantasias etc.? Pagar ou não pagar por atendimento, e os tipos de pagamento envolvidos, são fatores inócuos ao processo psicanalítico?

Pois bem, quase quarenta anos depois de Freud, em 1972 será a vez de Lacan pensar sobre as relações entre Psicanálise e Economia, quando de sua conceituação sobre o *discurso do capitalista*. Antes disso ele já definira "discurso" como um laço social construído através da linguagem, laço este que organiza as relações entre sujeito e objeto mediadas por forças inconscientes, por meio de significantes específicos. Assim, para Lacan, antes do discurso do capitalista já existiam quatro tipos de discurso — o discurso do mestre, discurso do histérico, do universitário e o do psicanalista. Evitarei entrar em maiores detalhes sobre cada um deles e seus matemas, para concentrar nossos esforços no quinto discurso que surge pela primeira vez durante sua conferência de Milão. Ali o psicanalista francês introduz o novo conceito que parece ter nascido a partir de sua observação das relações recíprocas entre o sujeito e as forças econômicas de sua época — com forte acento colocado sobre o ato do consumo.

Para compreendermos o sentido desse último discurso, antes é preciso lembrar que o sujeito freudiano é marcado estruturalmente pela falta e pela pulsão sexual — que busca continuamente por um objeto não natural, ao contrário do instinto. Dessa forma, um dos fatores que faz o desejo pelo objeto se manifestar é justamente a falta deste, a partir da qual o sujeito se movimenta para perseguir um reencontro e uma satisfação libidinal específica. De posse desse modelo, Lacan irá avançar suas ideias, propondo que não é somente a falta do objeto que convoca o desejo, mas que este também é despertado por algo no objeto. Aqui o desejo não parece tanto ser empurrado pela falta, mas puxado por algum aspecto misterioso do objeto. A esse traço do objeto que causa o desejo, Lacan irá reservar o nome de objeto "a", ou objeto "pequeno a". Paradoxalmente, quando nos encontramos com o objeto, prontos a realizar a experiência de satisfação, o objeto "a" se desloca, não está mais ali, mas sim em algum outro lugar. Nesse momento, muitas vezes testemunhamos o nosso desejo evaporar — o que comprova que sua condição de existência não seria tanto a falta do objeto, mas sim a piscadela proveniente do objeto pequeno "a". Este, por sua vez, não pode ser alcançado pois é signo de um prazer para sempre perdido, que em vão tentamos recuperar.

Justamente, *o discurso do capitalista irá reorganizar tal dinâmica que orienta o desejo lacaniano, substituindo o objeto "a" pelo objeto de consumo*. Por meio desse engodo, o sujeito contorna a experiência da castração e se vê como falso mestre de seus desejos. Nessa nova condição de negar o estado constitutivo de falta, almejamos a completude narcísica. Em outras palavras, o discurso do capitalista afirma que o sujeito não sofre das vicissitudes de sua natureza pulsional incompleta — ou seja, de uma falha na própria estrutura de seu desejo — mas apenas de impotência financeira. Dessa forma, todo um campo de estudos que orbita em torno da propaganda e do marketing trabalha para promover esse apelo ao consumidor. "Consuma! Compre! Compre não apenas para cuidar de sua autopreservação, mas sobretudo para negar a natureza de sua vida inconsciente!".

Ao mesmo tempo, nessa nova conceituação surge também um novo imperativo superegoico que inverte aquele descrito por Freud no *Mal-estar na civilização* (1930). Se nesse a prescrição superegoica era a interdição do prazer — resultando no sintoma neurótico e na experiência de angústia — no discurso do capitalista o superego obriga o sujeito à experiência contrária: "Goze! Goze como quando da fantasia de unidade total e completa junto ao corpo materno! Goze sem limites para que você se esqueça da metáfora da castração!". "Aquele prazer para sempre perdido está à venda, compre-o!". No entanto, tal alucinação não se sustenta (será mesmo?), e evidentemente só provoca mais insatisfação — o que relança todo o ciclo que gira em falso, e de forma mais rápida e mais intensa. Na direção desse horizonte encontramos a inflação do Eu e seu fechamento narcísico dentro de uma lógica de consumo veloz e narcotizante, além do afastamento da experiência de alteridade, o que favorece toda uma série de sofrimentos narcísicos graves.

Enfim, se todos esses desenvolvimentos propostos por Freud e Lacan não fossem complexos o suficiente para influenciar os modos de ser e de sofrer no mundo, o surgimento do capitalismo de vigilância nos solicita ainda um pouco mais de reflexão. Isso se dá porque, a partir de seu início, não ocupamos mais apenas as posições sociais de trabalhadores ou de consumidores. A nova lógica econômica do digital nos oferece uma nova função dentro de uma nova fábrica. Nós não somos os clientes dos capitalistas de vigilância — esse lugar está reservado para a *Target*, para a *Cambridge Analytica,* e outras empresas interessadas na compra do produto. Nós também não somos o produto — este é a predição a respeito de nosso futuro, fabricada por meio da antecipação simbolizante de nosso presente-orgânico ou presente-inconsciente. Por exemplo: qual mulher está grávida e qual cidadão não irá votar. Como já mencionado, nesse novo esquema industrial *nós somos os responsáveis pela matéria-prima* — a substancialização da vida inconsciente, ou seja, a produção desavisada de todo tipo de dados pessoais por meio de nossos hábitos, rotinas e pequenas atuações cotidianas registradas pelo *big data*. Por isso mesmo, hoje não basta apenas examinarmos os efeitos do discurso do capitalista sobre o sujeito, mas se faz necessário também atentar para o novo *discurso do capitalista de vigilância*.

Para que os capitalistas de vigilância (*Google, Facebook* etc.) possam simbolizar o presente prevendo o futuro, é necessária uma quantidade imensa de dados a respeito do maior número possível de pessoas no planeta. Assim, dentro de nosso papel de fornecedores de tal matéria-prima, não interessam mais apenas nossas ações na esfera do consumo. A autoridade superegoica não se restringe mais apenas ao "Goze! Consuma!". Em primeiro lugar, há um novo imperativo que nos pressiona por *exposição e transparência*: "Goze e poste!", "Consuma e mostre!", "Goze não apenas com a experiência exposta, mas com a própria exposição em si!", "Dê *likes* na exposição de outras pessoas!", "Aceite nossos termos de serviço e *cookies*, declaramos posse sobre os seus dados!".

O imperativo de exposição/transparência parece ser ilustrado por uma *charge* que circulou recentemente nas mídias sociais, na qual vemos dois personagens, um de pé e o outro sentado, exausto, em posição fetal. O primeiro impõe ao segundo: "Levante-se, você precisa gerar conteúdo". Justamente, o contínuo "gerar conteúdo" tem como meta materializar/digitalizar a maior parte possível de nossa vida inconsciente, pressionando por nudez. Ao lado do panóptico de Bentham surge agora o panóptico de Zuckerberg, construído não pela necessidade de controle e coerção, mas pelos imperativos de exposição e conexão. É possível que o panóptico digital de agora seja ainda mais eficiente do que aquele de então, pois o de hoje é experimentado como liberdade de expressão. Como já mencionado, do ponto de vista dos processos inconscientes parece importante marcar o papel desempenhado pelo par de opostos voyeurismo/exibicionismo, assim como as fantasias a respeito de poder ser conhecido como um todo, ou que alguém nos conheça com mais detalhes do que nós mesmos. Veremos como isso se dá mais adiante, na intimidade de um caso clínico que toca exatamente nesse ponto.

Talvez a formulação mais explícita desse novo imperativo de transparência tenha sido feita pelo próprio fundador e ex-CEO do *Google*,

Larry Page. Em uma conversa com um dos diretores da empresa, Page foi questionado a respeito da natureza mais profunda de seu negócio:

> – O que é o Google?
> – Se tivéssemos que nos encaixar numa categoria, seria informação pessoal [...]. Sensores são muito baratos. [...] Armazenagem é barato. Câmeras são baratas. Pessoas irão gerar uma quantidade enorme de dados [...]. Tudo o que você algum dia ouviu, viu, ou vivenciou se tornará pesquisável. A sua vida inteira será pesquisável.

O grifo é de minha parte. Curiosamente, encontro a fala de Page reverberando também na clínica psicanalítica e nos seus arredores. Por exemplo: tem se tornado mais e mais frequente o pedido de alguns pacientes — adolescentes em sua maioria — de tirar fotos do consultório ou então de tirar *selfies* comigo. Uma paciente que acompanho estabeleceu para si o hábito de fazer um *stories* da sala de espera, momentos antes de entrar em sua sessão. Se ela pudesse, penso que faria outros durante o acontecer da mesma. Outro exemplo está no fato de que tanto analista como paciente podem pesquisar o nome um do outro na barra de pesquisas do *Google*, o que revela o quanto de dados de cada um está disponível na rede. Isso para não mencionar os nossos metadados, que são os que mais interessam a tais empresas e que não se revelam a nós. De modo mais geral, os dados parecem corresponder ao nosso plano Cs-Pcs, informações a nosso respeito das quais já temos algum conhecimento. Os metadados, por outro lado, parecem mais com a materialização sutil de nossos aspectos não psíquicos, ou então daqueles psíquicos-recalcados. São estes os mais valiosos para a nova indústria de simbolização-predição.

Enfim, se tais atuações e fantasias que ocorrem no ambiente clínico encontrarão sentidos singulares ao longo de cada análise, é fundamental perceber que elas também atendem ao chamado do imperativo de exposição e transparência do discurso do capitalismo de vigilância. Notamos aqui a realização de um desejo de terceiros constituindo e modelando as relações intersubjetivas, incluindo as psicanalíticas. Nossa vida inteira deve ser fotografada, transcrita, postada e transferida para as nuvens, pois devemos nos aproximar da meta que o *Google* estabeleceu para nós: "sua vida inteira será pesquisável".

Em segundo lugar, depois do *nude* de dados, há o imperativo de predição, no qual interessa ao novo sistema que sejamos o mais previsível possível. "Goze da mesma forma de antes!", "Compre o que você costuma comprar!", "Seja o mesmo de sempre, nunca mude de ideia a respeito de nada!", "Não se esqueça desse relacionamento que terminou! Que tal voltar com ele/ela?", "Compre estas loções sem cheiro e lhe damos desconto em vitaminas". "Compre esta ideia e não vá votar, como havíamos previsto que você faria". No imperativo de predição está justamente o maior potencial de lucro do capitalismo de vigilância, pois é a partir dele que se pode vender a certeza de resultados. Podemos constatar isso quando alguém se desloca da posição de "fornecedor de matéria-prima" e se torna um cliente do *Google*, através da compra de seus produtos de predição. Nesses casos, não se contratam apenas boas peças de publicidade online. Pelo contrário, paga-se pela certeza de que determinado site/perfil receberá um número determinado de cliques. Ou então, paga-se pela segurança de que um estabelecimento físico receberá a visita de certo número de pessoas no mês. Em outras palavras, no modelo tradicional de propaganda, contrata-se um anúncio que pode ou não atrair clientes. No modelo desenvolvido pelo capital de vigilância, um cliente que compra o produto de predição *paga pela certeza absoluta de cliques no mundo virtual ou de visitações no mundo físico*.

Alguém que se repete é sempre mais previsível do que aquele que varia. Assim, logo vemos que ao discurso do capitalista de vigilância interessa que o sujeito continue a ser aquele que sempre foi, que não se torne mais nada em relação ao que já é. Enfim, que se repita indefinidamente ao se tornar uma caricatura de si mesmo.

De um ponto de vista metapsicológico, podemos pensar que essa nova pressão externa sobre cada um de nós faz inclinar a balança interna dos processos inconscientes para o lado que tende ao conservadorismo em geral. Tanto no nível intrapsíquico como no intersubjetivo serão promovidas as forças que perseguem a repetição. Em relação à pulsão sexual e suas ligações, podemos imaginar um incentivo do escoamento do processo primário sempre pelas mesmas vias já facilitadas, e o predomínio da fixidez libidinal aos mesmos objetos e fantasias inconscientes. Se a sexualidade infantil é conceituada como perversa e polimorfa, aqui encontraremos uma tendência de restrição a tal mobilidade, na qual esta se petrifica em ligações tenazes e duradouras. Poderíamos pensar na rigidez libidinal da melancolia como modelo desse tipo de investimento imobilizado e previsível. Além disso, também é necessário lembrar que o Eu se oferece à pulsão sexual como objeto de síntese e estabilização, no qual sua tintura ofusca os demais matizes pulsionais. O sujeito será o mais previsível quanto menos se abrir à alteridade. Quando o faz, seu narcisismo é potencialmente instabilizado, transformado e ampliado e pela experiência de alteridade — em que o Eu se transforma em cemitério dos objetos amados e perdidos através do processo de identificação inconsciente. Por isso, vemos que essa agulhada do Outro ameaça o imperativo de predição. Esse por sua vez irá pressionar na direção oposta, aquela do especular e da maior estabilidade possível do Eu.

No limite, o sujeito psicanalítico se tornaria o mais repetitivo possível na medida em que sua pulsão sexual desnaturasse em instinto natural. Este se encontra sempre soldado ao mesmo objeto e é sempre ativado num padrão específico, reconhecível e previsível — como o clássico exemplo das aves que voam para o sul no verão. Poderiam as novas forças econômicas de fato nos empurrar nessa direção?

Depois, consideradas as relações entre a *Sexualtrieb* e a previsibilidade de um sujeito, podemos refletir também sobre a pulsão de morte e seus desligamentos no papel da predição. A princípio devemos escapar de uma cilada maniqueísta, que enxergaria apenas a tendência à repetição nos efeitos da pulsão de morte, e de abertura ao novo nas pulsões de vida. Como sabemos desde *Luto e Melancolia* (1915) para que o processo de luto possa seguir, se faz necessário o desligamento libidinal do objeto. Só assim o sujeito pode se recapitalizar libidinalmente, e então dispor de novas escolhas de investimento. Pois bem, nesse caso, se pergunta: a qual força psíquica podemos atribuir a função de lento recolher libidinal de tais representações? Uma vez que tal desligamento contribui para o luto, não seria possível observar aqui uma ação da pulsão de morte que vai no sentido inverso da compulsão à repetição e do esvaziamento psíquico? Bem, uma vez reconhecido esse tipo de complexidade na teoria pulsional, podemos agora destacar que a pulsão de morte é um elemento central nas tendências conservadoras da vida inconsciente. Sua pressão contínua e silenciosa pelo retorno a estados de menor complexidade e tensão promovem a compulsão à repetição. Dessa forma, apesar de todas as inúmeras possibilidades de abertura para o novo — seja na realidade externa ou na própria arquitetura de destinos libidinais imponderáveis e imprevisíveis — somos tragados para o antigo, para o mesmo. É preciso sublinhar que essa tendência psíquica — presente nos sonhos de angústia, na neurose traumática, no brincar das crianças, na repetição transferencial incessante — está de pleno acordo com o novo discurso do capitalismo de vigilância. Quanto mais um sujeito estiver capturado pelo conservadorismo e pela monotonia, maior o lucro que ele pode gerar para os atores interessados em sua previsibilidade.

Para encerrar esta seção, peço novamente a Larry Page — fundador do *Google* — para se manifestar a respeito dos imperativos de seu novo discurso. Ele já havia afirmado que toda a nossa vida deve se tornar pesquisável, promovendo um exibicionismo compulsivo de nossas almas. Já é tempo de conhecer o sentido de tamanha transparência, quando ele a amarra ao imperativo de predição. Numa reunião pública da empresa a respeito dos resultados financeiros de 2011, Page celebra o enorme crescimento de usuários e de lucros. Então ele diz:

> *Nossa ambição maior é transformar a experiência Google como um todo, tornando-a maravilhosamente simples, quase automágica,6 porque nós compreendemos o que você quer e podemos entregá-lo instantaneamente.*

O grifo é de minha parte, para realçar a clareza do imperativo de predição. Devo expor minha vida — torná-la inteiramente pesquisável — para que empresas como o *Google* possam compreender o que eu quero.

Apenas dessa forma será possível entregá-lo instantaneamente — mas não para mim — e sim para terceiros que compram a simbolização antecipada do meu presente, predição do futuro de minhas ações. É isso o que observamos nos exemplos da *Target* e da *Cambridge Analytica* examinados anteriormente. Seguramente não podemos reduzir as possibilidades humanas a esse novo discurso

---

6   Trata-se de um jogo de palavras em inglês, em que o neologismo "automagic" se refere a "automatic".

e seus imperativos de transparência e predição. Mas será que neste momento eles já não operam de forma silenciosa em nossos modos de ser e de sofrer, dentro e fora da clínica psicanalítica?

Eu-nuvem (iCloud)

Atendo Neo há alguns bons anos, e durante grande parte desse tempo considero que o trabalho aconteceu num nível pré-analítico. Ele não vinha às sessões para se interrogar a seu respeito, e também não parecia demonstrar muita inclinação para tal atividade voltada ao saber. Por isso mesmo era curioso o fato de que buscava sessões em frequência mais alta, e também fazia questão de usar o divã. Cheguei a lhe perguntar o porquê de seus pedidos, mas ele não soube me dizer muita coisa, apenas indicou de modo firme que aquilo lhe era importante. Concordei e assim demos início ao hábito do convívio clínico.

O paciente buscava ajuda por conta de um sentimento de ansiedade que vinha aumentando em quantidade e qualidade nos últimos tempos, e atribuía isto ao seu trabalho. Ele era o CEO de sua própria empresa que crescia em ritmo galopante, e pensava que este poderia ser o motivo de seu sofrer. Além disso, por vezes também lhe assombravam os sentimentos de angústia e de tristeza, tema sobre o qual ele mal tolerava falar. No entanto, não demorou muito para que eu pudesse perceber que não era bem o crescimento da empresa que lhe produziam esses estados. Pelo contrário, Neo parecia trabalhar compulsivamente para fechar as brechas pelas quais pudesse ser visitado pelo seu mal-estar: estava usando o crescimento da empresa para evitar o contato consigo mesmo. Mesmo assim, a eficácia de seu sistema de proteção estava cedendo, e penso que esta era a sua demanda inconsciente apresentada naquele momento. De forma coerente, ele não pedia auxílio para pensar sobre o seu modo de ser-no-mundo, mas me convocava explicitamente a obliterar tais espaços que iam surgindo na sua experiência vivida. Por exemplo:

– *O fim de semana foi bom, mas a ansiedade fica voltando, principalmente no domingo. Fico incomodado, é ruim, não tem nada que eu faça que melhore isso. Nunca estou cem por cento.*

– *Cem por cento?*

– *É, eu sei racionalmente que isso não existe, mas sei lá, só queria retomar o meu verdadeiro eu.*

– *O que você quer dizer com "verdadeiro eu"?*

– *Ah, sei lá, ser feliz, e não ficar ansioso e angustiado sem motivo. Que motivo tenho eu pra ficar assim?*

– *Você está dizendo que sua ansiedade e sua angústia são falsas, e que a felicidade é que é verdadeira?*

– *Não, não era bem isso. O que eu quis dizer é aquilo que já te disse: esse não sou eu, sei que não sou desse jeito. Queria sacudir a poeira, voltar a me encontrar comigo mesmo.*

– *Tenho dificuldades em concordar com isso. Eu acho que você chama de falso o que é desprazeroso, mas são sentimentos que me parecem verdadeiros, legítimos. Quando você se encontra com eles, penso que também está se encontrando com você mesmo, com uma parte do seu "verdadeiro eu", mas é um "verdadeiro eu" que te incomoda.*

– *É, pode ser...(batendo em retirada) Então, daí essa semana entrou um job novo, é um cliente que quer que a gente faça o trabalho assim e assado... (e a sessão segue com ele afirmando e reafirmando sua capacidade laboral).*

E depois de dois dias ele volta a se lamentar pela falta da felicidade-cem-por-cento, e a reivindicar seu verdadeiro-eu, como se nunca houvéssemos falado sobre isto. Vejo que preciso retomar todo o trabalho de instabilização do sistema defensivo do começo, o que sinto como frustrante e cansativo. Além disso, outra estratégia que ele usava para se proteger eram projeções sobre figuras importantes de sua vida, como sua irmã ou sua enteada. Por exemplo, a respeito do oportuno estado depressivo que esta vinha experimentando:

– *Olha, eu não sei o que há de errado com a Ana, ela está deprimida de novo. Não é possível: faz terapia, toma remédio e não consegue se animar com nada. Não quer estudar, não sabe se quer prestar vestibular ou não. Ela tá perdida, não sabe o que fazer com a vida dela. Não quero fazer comparações, mas com a idade dela eu já sabia muito bem o que eu queria pra mim, e corria atrás mesmo, sabe? Nós oferecemos de tudo pra ela, mas acho que falta um pouco de vontade, de determinação pra ir atrás, e não ficar só esperando ser cuidada. Acho que é uma coisa meio da geração Z.*

– *Às vezes me parece que você fala da depressão da Ana — e se compara com ela — pra se afirmar, e pra não tomar contato com as suas próprias tristezas. Como se você dissesse assim: ela é doente e eu n...*

– *(me interrompendo e neutralizando o que eu falava) Pode ser, pode ser, mas o estado dela é grave, estou preocupado. Na última vez em que ela ficou desse jeito eu consegui ajudar fazendo isso e aquilo (e a sessão segue com ele afirmando sua capacidade terapêutica).*

E nesse tipo de dinâmica fomos seguindo ao longo dos primeiros anos de sua análise. Certo dia, um primeiro sonho me chama a atenção e me renova as esperanças com o difícil trabalho em torno de sua blindagem:

– *Cara, tive um sonho muito louco essa noite.*

– *Como foi?*

– *Eu ia até um estúdio pra fazer minha primeira tatuagem. Tomei coragem, escolhi o desenho e fiz! Daí ficou irado, eu adorei, mas depois de uns dias a tatuagem começou a sair. Acho que era algum problema com o pigmento, ele não ficava grudado na pele.*

Ao ouvir o sonho, imediatamente sinto o ar ventilar e meu pensamento se acender. Tal representação onírica traz uma forma precisa para o meu sentimento de estar com ele. Tenho a impressão de que o que falamos não fica, que as aberturas e construções analíticas que surgem não grudam na sua pele psíquica. Apesar de não ter muitas associações a respeito dessa importante representação, percebo que pouco a pouco começa a haver uma pequena modificação na sua rotina e no clima de suas sessões. Neo estava com excesso de peso, fumava e se alimentava muito mal. Antes dos quarenta anos estava ficando calvo e isso lhe incomodava. Nos últimos meses se manifestara um zumbido que atrapalhava sua audição — e isto era especialmente importante pois ele é músico e sua empresa depende de sua sensibilidade auditiva e musical. Depois do sonho, todos esses temas passaram a ocupar mais espaço em suas trilhas associativas.

Ao mesmo tempo, surgia uma intensa rotina de atendimentos e de cuidados ao seu corpo e ao seu organismo. Ele me pediu indicação de endocrinologista. Começou a frequentar o consultório de uma nutricionista. Contratou um *personal trainer* que lhe dava aulas sempre no horário anterior ou posterior às sessões. Começou a fazer um tratamento dermatológico de mesoterapia capilar — substâncias injetadas em seu couro cabeludo com o intuito estimular o nascimento e o crescimento de novas células. Buscou ajuda de uma otorrinolaringologista especializada em cuidar da audição de profissionais ligados à música. Por todos os lados ele ia se deslocando da negligência consigo mesmo — sintoma que havia ficado silenciado (despigmentado) desde o início do processo. Estava emagrecendo a olhos vistos, seu cabelo crescia, o zumbido melhorava, entrou numa rígida dieta e estabeleceu para si a rotina de exercícios de um atleta.

No entanto, apesar do conjunto de tal transformação, algo diferente agora me incomodava quando eu lhe atendia. Sentia sua virada autoconservativa como um tipo de atuação, no sentido descrito no *Vocabulário de* Psicanálise

> *Segundo Freud, ato por meio do qual o sujeito, sob o domínio dos seus desejos e fantasias inconscientes, vive esses desejos e fantasias no presente com um sentimento de atualidade que é muito vivo na medida em que desconhece a sua origem e o seu caráter repetitivo (p. 44-45).*

Pois bem, cuidar do próprio corpo ou preservar nossos organismos são, necessariamente, atuações? Penso que não, mas o que chamava a atenção no caso de Neo era que ele simplesmente não falava a respeito de preocupações com sua saúde, e nem tomava contato com a ideia de uma inclinação a se negligenciar. Pelo contrário, havia apenas uma certa ansiedade em demonstrar seus ganhos palpáveis, uma ação que parecia querer nos tranquilizar a respeito de algo. Por vezes eu fazia tentativas de investigar quais seriam tais "desejo e fantasias" que dominavam o aparelho motor, mas minhas investidas eram educamente recusadas e depois contornadas como incautas e desnecessárias. O importante, porém, era a reafirmação constante de que se cuidava e de que estava ficando mais e mais saudável.

Curiosamente, sua saúde ia se tornando cada vez mais a saúde de um atleta de alta performance, e não apenas cuidados às suas funções orgânicas. Nesse ponto começam a surgir as associações a respeito daquilo que é robótico, maquinal. "Acabei de sair da academia, estou uma máquina!". Ele bebia suco *detox* e me pedia por prescrições de *venvanse,* substâncias que poderiam ser compreendidas não como medicações, mas como *doping*. Em meio às suas sessões passei a ser visitado por ideias do filósofo Byung-Chul Han a respeito da produção de novas subjetividades em nossa época. Este se detém bastante sobre o sujeito do desempenho — aquele que sente como liberdade sua autocoerção inconsciente por performance. Essa poderia ser uma chave para se pensar o crescimento exponencial de casos e mais casos de cansaço crônico, esgotamento e depressão de nossos tempos. Por exemplo:

> A sociedade do cansaço, enquanto uma sociedade ativa, desdobra-se lentamente numa sociedade do doping. Nesse meio tempo, também a expressão negativa "doping cerebral" é substituída por "neuro-enhancement" (melhoramento cognitivo). O doping possibilita de certo modo um desempenho sem desempenho. [...] Se o doping fosse permitido também no esporte, decairia para uma concorrência farmacêutica. Só a proibição, porém, não impede aquele desenvolvimento pelo qual não só o corpo, mas também o homem como um todo se transforma numa máquina de desempenho, que pode funcionar livre de perturbações e maximizar seu desempenho (p. 69-70).

Justamente, Neo parecia se esforçar progressivamente para se emancipar da condição humana. Como descreve Han, ao invés da vitalidade, meu paciente preferia a redução ao desempenho vital, ao bom funcionamento dos circuitos e das engrenagens. Lembro que nessa altura da análise surgiam ideias fortes, por exemplo quando ele comentava sobre sua ansiedade ou insônia:

– O ser humano é decepcionante, pelo amor de Deus, funcionamos muito mal.

– Como assim Neo?

– É tudo desregulado, desbalanceado, errático. Pelo menos do meu peso agora eu tenho mais controle. Sabia que estou comendo x calorias e já perdi y de peso?

– Nossa condição é decepcionante pela falta de controle, é isso?

– *Também, mas não só. Acho que um dia a inteligência artificial vai cuidar melhor de nós do que nós mesmos. Somos falhos, zuados. Acho que tem muitas crianças que seriam melhor cuidadas e educadas por uma máquina do que por uns pais que tem por aí. Outro dia li um conto de um cara chamado Bradbury, The Veldt, conhece?*

– *Não, como é?*

– *É uma ficção, num futuro onde existe uma casa que faz tudo por todos, tipo os Jetsons. Daí as crianças começam a sentir que a casa-robô cuida deles melhor do que os pais, enquanto os pais querem sair daquela casa e voltar para uma sem tecnologia. Quando as crianças ficam sabendo desse plano deles, eles fazem uma armadilha e prendem os pais dentro da casa. Depois o conto dá a entender que as crianças matam os pais para poderem viver com a casa.*

– *(impactado pelo assassinato edípico) Uau, o que você achou desse conto?*

– *Legal.*

– *E?*

– *Ah sei lá, só legal mesmo (e volta a falar de modo a entregar seus relatórios de performance a respeito do trabalho e da saúde).*

O conto traz outro ponto de inflexão nessa análise, pois aqui observamos que o sujeito-do-desempenho-reduzido-a-uma-máquina-que-funciona-bem se articula com a ideia de falha parental e de ódio assassino. Apesar da escassez de associações do paciente a respeito do tema, percebe-se mais uma abertura conduzida pela representação que surge a partir do recuo do recalque. Uma vez que o sujeito rumava ao robótico, a figura do analista parecia seguir o mesmo destino. Suas narrativas iam perdendo espaço para uma fala defensiva, repleta de dados a respeito de seus tratamentos, melhoramentos, superações etc. Podemos acompanhar esse processo de transformação T-CT nesta sequência:

– *(aliviado por constatar que suas funções psíquicas estão preservadas) Hoje estou falando bastante, né?*

– *Sim, e eu me pergunto sobre qual seria a função desse volume todo de informações que aparece aqui.*

– *(respiro para pensar, fenômeno raro) Eu acho que no fundo quero que você me conheça por completo.*

– *Por que?*

– *Não sei, mas acho que isso me deixaria mais tranquilo. Tipo, você conseguiria saber se eu estivesse ficando doente. Ou então, sei lá, se algo acontecesse comigo você poderia saber de coisas que seriam importantes.*

– *Como assim?*

– *Por exemplo, mês passado aconteceu aquilo lá na empresa — aquele cara deletou sem querer quase todo o arquivo do job. Daí a gente ficou desesperado, mas viu que tinha uma cópia na nuvem. O arquivo era gigante, demorou umas tantas horas, mas a gente conseguiu fazer o download de volta.*

– *Você gostaria que eu fosse sua cópia na nuvem?*

– *Isso!*

– *Por que?*

– *Ah cara, sei lá! Vai que eu fico doente e não consigo mais saber de mim!*

– *Doente como o seu pai?*

– *Humm...é...pode ser...bom, já acabou o horário né?*

– *Acho que sim.*

– *(aliviado) Falei demais.*

– *Você parece aliviado por ainda conseguir falar.*

– *É...ao contrário dele né?*

– *Sim.*

– *Bom...até sexta então...abraço.*

– *Até, abraço.*

Apesar de sua biografia guardar histórias importantes para a análise, ele raramente falava a respeito de sua infância ou família de origem, e se eu tentava entrar um pouco mais, encontrava este espaço geralmente fechado. Ao longo do tempo fui recolhendo e costurando as seguintes ideias, que se fizeram mais e mais disponíveis com a ampliação do processo analítico. O pai de Neo fora um excelente comunicador, sendo a fala seu instrumento de trabalho privilegiado. Obteve grande sucesso dentro de sua área, mas este foi ofuscado por fases depressivas muito sérias. Estas por sua vez eram medicadas com álcool e agravadas pela sua tendência em se negligenciar. Por vezes conseguia ser atento e amoroso com os filhos, mas suas capacidades se diluíam rapidamente nos copos de bebida. Uma das memórias que ele tem do pai era a cena na qual aquele estava sentado num sofá, largado, com uma garrafa de vodca na mão e bêbado, seu olhar perdido no horizonte. Sendo um homem tradicionalista e conservador, o pai tinha bastante preconceito com a ideia de saúde mental, e nunca buscou se tratar adequadamente. Era também desorganizado financeiramente — ganhou muito dinheiro mas sempre conseguia dilapidar o patrimônio que conquistava, o que trazia muita instabilidade para toda a família. Por conta disso, quando pequeno o filho diz que a família teve que se mudar tantas vezes que perdeu a conta, e as memórias das diversas casas em que morou se sobrepõem na tela de sua memória — algo que o deixa bastante incomodado.

Quando meu paciente já era adulto, seu pai sofreu uma série de reveses, e logo em seguida teve um AVC, perdendo a mobilidade e a capacidade de falar. Isso foi muito impactante para o filho, que montou sua própria empresa justamente para se equilibrar financeiramente e poder se responsabilizar pelos custos do tratamento do pai — que nunca mais pôde sair de uma clínica de repouso especializada. Quando Neo visita seu pai, ele já não encontra o homem que conhecia. Hoje restam apenas vestígios do mesmo, habitando um corpo envelhecido, desfigurado, mudo e limitado ao leito. Seria seu desejo poder restaurar um *backup* de seu pai perdido para sempre, poder ouvir sua voz conhecida e marcante, ao menos uma última vez? Esses fios de sentido parecem estar emaranhados em torno de sua fantasia de que eu pudesse armazená-lo caso algo viesse a acontecer, na qual encontramos uma possível identificação à figura paterna expressa na ideia sobre armazenamento de dados.

Curiosamente, o mesmo tema vem se repetindo em nossa cultura nos últimos anos. Se por um lado o desejo e as fantasias de reverter a morte acompanham o ser humano desde tempos imemoriais, sua nova versão parece não ter tantos anos assim. Tratam-se de narrativas em que um sujeito, ameaçado pela morte, busca transportar sua consciência e personalidade para uma nuvem, na qual poderia contornar a castração e seguir vivendo. Outra variação do mesmo tema são as histórias modernas de ressuscitação. Nelas, uma pessoa já falecida é emulada ciberneticamente a partir do conjunto de dados que havia deixado enquanto viva. A título de exemplo, cito algumas obras recentes que compartilham esse tipo de argumento: dois episódios do seriado *Black Mirror* — *Be right back* (2013), *San Junipero* (2016); o livro *Klara e o Sol* (2021) de Kazuo Ishiguro; o mangá *Ghost in a Shell*, transformado em filme homônimo em 1995. Este último tem um papel especial no contexto dessa análise, pois me visita constantemente enquanto escuto meu paciente. Sua trama é formada por dois personagens que trilham caminhos inversos.

Uma mulher que vai pouco a pouco se transformando em robô por meio de implantes biocibernéticos, e, do outro lado, uma inteligência artificial que vai se humanizando por meio do contato com nossa espécie. Justamente, não seriam as ficções científicas de cada época uma projeção no futuro distante de uma série de processos e possibilidades de subjetivação que já existem no agora?

Voltando à história de Neo, podemos dizer que toda a condição vulnerável do pai era inflamada pela pessoa invasiva, intolerante e explosiva da mãe, o que colocava o casal em estado de guerra constante. Eles se divorciaram ainda na primeira infância do filho, o que parece ter acalmado um pouco os ânimos da casa. A mãe tinha a mesma formação que o pai, e trabalhava escrevendo resenhas e artigos a respeito da vida artística de sua cidade — concertos, espetáculos, teatro, shows etc. No entanto, apesar de sua sofisticação intelectual, desde sempre ela se mostrou excessivamente dura na criação dos filhos, sendo autoritária e exigindo uma disciplina rígida. Compartilhava com o ex-marido as mesmas inclinações a se deprimir e a se negligenciar — tanto no plano da saúde física/mental como na organização financeira. Há muitos anos ela também depende de uma mesada do filho para poder fechar as contas do mês. Neo não fala muito sobre isso, mas em alguns momentos pode-se perceber a raiva e o ressentimento que guarda por ter crescido nesse ambiente difícil, e por hoje ter se transformado em muro de arrimo de seus pais. Sem surpresa, o paciente não tem memórias de tamanha turbulência, mas ouvirá diversas histórias a respeito desse caos doméstico, à época em que ele e sua irmã eram pequenos.

Talvez esse seja um elemento que se liga ao conto anteriormente mencionado por ele, em que as máquinas são mais competentes para cuidar de bebês e de crianças do que os próprios pais — ou ao menos do que os seus pais. Nessa mesma direção, o paciente também vai aos poucos revelando seu gosto pela cultura *cyberpunk*, um subtipo de ficção científica cuja marca é o *high tech, low life* — ou seja — narrativas na quais o progresso científico e o tecnológico são acompanhados por restrições severas nas possibilidades humanas. Seria o fascínio por tais histórias uma tentativa de simbolizar elementos não integrados ao Eu? Se assim fosse, talvez isso pudesse explicar o porquê de o paciente assistir tantas vezes a filmes como *Matrix* (1999) e *Blade Runner* (1982), nos quais os protagonistas se veem diante da necessidade de sobreviver num mundo inóspito e anárquico. Mais uma vez, encontramos também nesses filmes o tema anteriormente citado, a ideia de que a alma humana é uma série de dados que podem ser escavados, transportados, copiados e simulados.

Penso que é dentro dessa chave de leitura que podemos refletir sobre as transformações que iam acontecendo no campo T-CT. O sujeito-máquina descrito por Han se dopa em nome do desempenho, e arca com o custo de anular sua vitalidade. Por isso mesmo, degenera para o robótico. No entanto, a "vitalidade humana" no caso de Neo não soa como possibilidade de prazer, aberturas para o sujeito no mundo através dos laços sociais. Pelo contrário, ela se manifesta como depressão, negligência, intolerância, bancarrota, AVC, rigidez, intolerância, brigas constantes, crianças abandonadas à própria sorte etc. Coerentemente, a fantasia de robotização parece compensar. Antes uma inteligência artificial do que uma desinteligência naturalmente humana. Fosse um robô, o pai não seria deprimido, não afundaria na bebida, não gastaria todo o orçamento doméstico, não se negligenciaria, não adoeceria precocemente, não seria um peso no seu orçamento. Uma sequência análoga vale para a mãe. Sobretudo, numa vida ciborgue, Neo não precisaria carregar suas identificações inconscientes a tais objetos edípicos, e nem se veria assombrado pelos seus "genes malditos" como ele os chama.

Do outro lado, o analista poderia ser visto como um Eu-nuvem, aparelho de registro com o qual se pode contar, capaz de adivinhar e prever suas necessidades, uma espécie de nuvem-suficientemente--boa. Um dispositivo estável que não estaria submetido ao decepcionante da natureza humana, aquela que se apresentou precocemente e ao longo de toda sua vida. De fato, a vitalidade humana traduzida em vida pulsional psicanalítica pode ser errática, imprevisível, incontrolável. Infelizmente, desde sempre Neo conheceu uma versão dura e insatisfatória de tais termos. O previsível do robô e da nuvem é também o *confiável*. Para ele, a perda de privacidade se traduz em *proteção*. A perda de autoria a respeito do futuro significa *segurança*. A vida autoconservativa é muito mais vantajosa do que as aberturas desconhecidas da pulsão sexual.

Enquanto todo esse conjunto de imagens e ideias iam sendo elaboradas no dia a dia analítico, o paciente respondeu em duas direções diferentes, que passaram a se sobrepor e tornaram o processo mais ambíguo, confuso e poluído. Por um lado, houve um aprofundamento no sentido defensivo, no qual ele agora atuava com ainda mais intensidade sobre a fantasia de se transportar para dentro de mim por completo. Por outro, momentos em que acontecia a *des*robotização, quando a máquina cedia ao desconhecido do sujeito humano. Aqui e ali ele começou a ter experiências erráticas e descontroladas que não eram interpretadas como descaso ou negligência, mas sim em torno do prazer, e de ser atendido em suas necessidades não orgânicas ou autoconservativas. Comecemos pela borda onde predomina a atuação.

Ao longo do período de pandemia transportamos seus atendimentos para o telefone. Ele havia preparado o ambiente do escritório de sua casa para fazer as sessões ali, e dispunha de uma grande escrivaninha à sua frente. Dessa forma, Neo passou a fazer desenhos numa folha de papel durante suas sessões. Nesse período minha atenção se recusava a flutuar, pois estava amarrada ao barulho incessante e violento que fazia sua caneta ao rabiscar o papel. O ato motor contínuo me deixava angustiado, o que me levava a lutar por um espaço em meio ao seu *big data*, e perguntar:

— *O que você está desenhando?*

— *Ah, não é nada demais, estou só riscando de um jeito abstrato, preencho toda a folha e depois começo de novo na próxima.*

— *(tocado por algo) Você preenche toda a folha, não deixa nenhum espaço?*

— *Isso, vou lotando tudo de formas e riscos até não caber mais nada...espera aí que vou te mostrar...(ele tira uma foto da folha e me manda por WhatsApp, no mesmo instante).*

— *(muito incomodado, pois estava surgindo uma pequena linha de sentido que foi reduzida a dados, e depois enviada. O símbolo foi reduzido à mera informação visual. Tento desfazer o que ele acabou de fazer) O que você enxerga nessa folha lotada, onde não cabe mais nada?*

Ele desconversa e volta a me submeter à sua dinâmica, em que me sinto sem espaço para falar, sem espaço para pensar ou mesmo para ser. Não me é possível habitar os intervalos de suas palavras, as pequenas brechas de suas sílabas ou as entrelinhas — eles já se encontram ocupados pelo recorrente ruído do riscar ruminante. Num segundo momento de análise e supervisão, consigo pensar e me movimentar de tal lugar lapidado no campo T-CT. Minha nova posição folha-de-papel-lotada-de-rabiscos não parece tão nova assim, apenas uma atualização do que significa ser o Eu-nuvem que recebe a poluição de estímulos.

Noto que meu incômodo não se dá apenas pela quantidade de dados, mas também pela sua qualidade de *transparência*. A cada frase que ele diz existe um tom claro, referencial, no qual os fatos em si mesmos são expostos sem que possam significar qualquer outra coisa que não aquilo mesmo. Nessa mesma direção, o sujeito que as pronuncia se torna apenas um arquivista de informações que são levadas de lá para cá, e não parece transformar os elementos que manipula em narrativas um pouco mais subjetivadas. Um jornalista que se atém ao que é objetivo, talvez uma imagem assim. Em suas palavras descritivas não se encontra algo que contenha uma ambiguidade ou uma interioridade que me solicite. Os símbolos e as narrativas degeneram em informação, em meros dados a seu respeito. A partir desse ângulo é possível refletir sobre o motivo de meu incômodo ao receber a foto de sua folha a caminho de ser totalmente preenchida. Quando ele narrou a intenção de seu desenho, um fio de sentido começou a surgir na sessão — a saber — um possível desejo inconsciente de ocupar todos os espaços, e de eliminar o vazio. Essa pequena narrativa continha a ponta de um significado — ou seja — uma ambiguidade, um dentro-não-visível, uma rachadura que aponta para outros lugares. É esse o tipo de elemento psíquico que vacila, que nos puxa, que faz nossa imaginação se abrir. Justo quando esse processo se iniciava, Neo tira uma foto que faz degradar sua narrativa incipiente e o mistério que lhe acompanhava. A transparência do dado desfaz a penumbra associativa da linguagem.

Nesse sentido, podemos encontrar mais uma referência no mesmo Byung-Chul Han em seu livro *Sociedade da Transparência* (2017). Nele, o filósofo sul-coreano descreve um fenômeno muito semelhante ao que encontramos nesta análise, mas a partir do ponto de vista da produção de subjetividades no plano social. Seus argumentos também incluem as incidências da vida digital:

> *A absolutização do valor expositivo se expressa como tirania da visibilidade. O problemático não é o aumento das imagens em si, mas a coação icônica para tornar-*

> -se imagem. Tudo deve tornar-se visível; o imperativo
> da transparência coloca em suspeita tudo o que não se
> submete à visibilidade. E é nisso que está seu poder e
> sua violência. [...] As imagens preenchidas pelo valor
> expositivo não demonstram qualquer complexidade;
> são univocamente claras, i. é, pornográficas. Falta-lhes
> qualquer tipo de fragilidade que pudesse desencadear
> uma reflexão, um reconsiderar, um repensar. [...] Assim,
> a transparência caminha passo a passo com um vazio
> de sentido. A massa de informações e de comunicação
> surge de um horror vacui (p. 35-36).

Quanto mais Neo forçava seu transporte para dentro da nuvem, mais ele precisava se transformar em dados transparentes, inequívocos e pornográficos — seguindo a chave proposta por Han. Da mesma forma, no mundo de hoje descobrimos nosso próprio esforço em nos transportar para as nuvens dos capitalistas de vigilância, em nome da simbolização de nosso presente/predição de nosso futuro. Seja dentro ou fora do consultório, para que possamos nos renderizar em dados que serão transferidos para dentro das nuvens, há um custo com o qual devemos arcar. Converter "vitalidade" em "dados sobre a vitalidade" impõe transparência, violenta tudo aquilo que somos e que não tem visibilidade, nos transforma em aparelhos e dispositivos. Ainda no mesmo livro, o filósofo propõe:

> A alma humana necessita naturalmente de esferas onde
> possa estar junto de si mesma, sem o olhar do outro. Pertence a ela uma impermeabilidade. Uma total "iluminação" iria carbonizar a alma e provocar nela uma espécie
> de burnout psíquico. Só a máquina é transparente; a
> espontaneidade — capacidade de fazer acontecer — e a

liberdade, que perfazem como tal a vida, não admitem transparência (p. 13).

O sujeito-desempenho, o sujeito-máquina e o sujeito-transparente possivelmente se referem a três ângulos do mesmo fenômeno, e observamos Neo circular ao redor de tais vértices. Seguindo o fio de sua análise e da transferência, podemos pensar que ele o faz justamente para obliterar as sombras da vida pulsional, nas quais há tanto o errático de seus objetos edípicos — ameaça de colapso e negligência — como a vitalidade de Han, mediadora da liberdade e da espontaneidade. No entanto, como é próprio do inconsciente humano, ainda precisamos constatar uma enorme contradição a respeito do processo analítico de Neo. Como já mencionado, apesar de tal intensificação defensiva de seu desejo de *upload*, é no fundo do sujeito-máquina e do sujeito-transparente que habitam outras possibilidades menos autoconservativas para o sujeito que se apresenta regularmente às suas sessões.

Vez ou outra, numa brecha simbólica que não se tornara transparente, eu escutava alguma linha de sentido frágil, obscura, que lentamente ia se insinuando. Neo dizia que lhe agradava que eu fosse como sua nuvem, pois se sentia cuidado de uma forma consistente e científica. Na medida que eu lhe solicitava que falasse um pouco mais a respeito desse ponto, ele pôde se lembrar de que foi uma criança de apetite colossal, e, por isso mesmo, obesa. Seus pais, enredados em suas próprias dificuldades, demoraram muito tempo para perceber sua situação, e mais tempo ainda para levá-lo ao pediatra. Este, de forma surpreendente, não considerou que aquilo fosse relevante, dispensando a família e negligenciando seu paciente — repetição funesta do ambiente familiar no âmbito médico. Nessa mesma linha surgem ainda outras memórias, mas todas parecem conter o mesmo tom. Demanda, necessidade, descaso, negligência — não ser visto como alguém em suas condições particulares. Vejamos como isso se coloca na sessão:

– Neo, por que mesmo que aquela ideia de cuidado científico te interessa?

– Como te falei, não sei bem, mas me lembra aquela história do pediatra que não percebeu que eu estava precisando de ajuda. É como ter alguém cuidando de você que simplesmente não consegue ver que você é uma pessoa única, diferente de todas as outras pessoas do mundo. É por isso que eu gosto muito daquela otorrino que eu tenho frequentado, ela me vê no detalhe, sabe cada minuto do meu trabalho, tudo o que eu ouço de música o dia inteiro, se o instrumento é assim ou assado, qual o volume do som ao qual eu fico exposto, que tipo fone eu uso. Ela é minuciosa, eu sinto que é como se ela me olhasse com uma lupa.

– Cientificamente?

– Isso, científico é com o máximo de detalhes e informações possíveis.

– Pra enxergar sua singularidade?

– (tocado, se emociona) Acho que é bem por aí... cara...você foi no ponto exato agora, essa coisa de ser uma pessoa singular me pegou, você me conhece mesmo...

– Eu acho que é uma coisa da qual você sente falta há muito tempo. É como se fosse uma fome, mas não é de comida.

– (cantando/citando a música "Comida") "Você tem fome de quê?"

– Isso, tipo Titãs!

Essa abertura ocorreu na última sessão da semana, e o efeito de reconhecimento de suas necessidades simbólicas pareceu persistir ao longo do final de semana, voltando na primeira sessão da semana seguinte:

– Oi.

– Oi Neo.

– Cara, esse fim de semana aconteceu uma coisa bem diferente, tive uma crise de choro dentro do carro. Eu estava indo praquele compromisso x, daí decidi que seria melhor ir de carro. Cheguei lá, parei no estacionamento, e antes de sair começou a tocar uma música do Stravinski no rádio, "Pássaro de Fogo", você conhece?

– Acho que já ouvi alguma vez.

– Ela é linda! Eu fechei todos os vidros pra melhorar a acústica e fiquei ali ouvindo, até me atrasei no horário da reunião. Quando chegou no clímax eu me emocionei, vi que estava chorando...e foi estranho, porque foi bom. Eu me senti...me senti...vivo. Quer dizer, claro que sei que estou vivo, mas era diferente.

– Você sentiu que sua alma foi alimentada?

– É...lembrei de uma coisa que a gente falou outro dia, que viver é diferente de sobreviver...acho que foi isso. Acesso a cultura devia ser um direito básico, né? Eu sinto que é uma necessidade básica também. Eu lembro que antes da pandemia às vezes eu ia na sala São Paulo pra gravar uns jobs, mas quase nunca fui para assistir a orquestra mesmo. De repente me deu uma saudade disso, será que um dia a gente vai voltar lá?

– Tomara hein...sobreviver é fundamental, mas o resto também é.

Penso que nesse ponto, o que eu falava podia ser entendido em dois planos distintos. O primeiro se referia à sobreposição de nossas realidades, em que a pandemia nos privou de boa parte de nossas necessidades não orgânicas. No segundo, eu imaginava que o paciente vinha usando o factual da vida pandêmica para figurar e localizar suas fantasias e defesas. Há nesse ponto uma confluência entre sujeito e cultura, pois em sua fala encontramos a negligência das necessidades simbólicas humanas tanto no nível de realidade social quanto naquele da realidade psíquica singular, em que Neo muitas vezes privava a si mesmo de ampliar os horizontes de sua experiência humana. Quando ele dizia que cultura é um direito básico, acho que isso se aplica tanto às políticas públicas quanto ao processo inconsciente de sua transformação em máquina de desempenho, máquina essa que precisa se proteger do desamparo e do abandono. Por isso mesmo, não pode se dar ao luxo de se interessar por música, e muito menos se emocionar com Stravinski.

A análise de Neo parece ser um lugar privilegiado de observação do sujeito no mundo de hoje, tensionado por novos imperativos econômicos e, ao mesmo tempo, pela sua própria vida inconsciente. Em primeiro lugar, seria oportuno lembrar as duas falas do fundador do *Google*, Larry Page, consideradas no item anterior. Ele dizia que, do ponto de vista de sua empresa, deveríamos tornar toda a nossa vida pesquisável, para que a *big tech* pudesse compreender quem nós somos e o que desejamos. Justamente, quando Neo incorpora o modelo da nuvem e enuncia seu desejo de que eu pudesse conhecê-lo por completo — armazenando uma cópia de segurança de si e detendo a capacidade de antecipar suas necessidades — o imperativo econômico não estaria relançado em ambiente clínico, *ipsis litteris*? Penso que nesse ponto podemos enxergar claramente como um resíduo cultural é absorvido e utilizado na composição de nossas fantasias inconscientes mais íntimas — que se revelam, por exemplo, num processo analítico. No entanto, se os imperativos de transparência e predição participam na criação do sujeito de hoje, este não se faz passivo: também cria respostas singulares e específicas às injunções que lhe são transmitidas a partir de fora.

Façamos uma retomada dos elementos que se destacam nesse percurso clínico, e veremos como esse paciente em particular responde ao seu mundo. Neo sofria não só de ansiedades, tristezas e angústias, mas também de seu medo a respeito de tais sentimentos. Ele buscava obliterar sua humanidade errática e desregulada por meio de algumas estratégias: uma compulsão em torno do trabalho; sua fantasia narcísica a respeito de um "verdadeiro-Eu-cem-por-cento-bem"; movimentos de identificação projetiva sobre sua enteada e outras pessoas — afirmando superioridade sobre a geração Z. Ao longo da elaboração desse primeiro sistema defensivo surge o sonho da despigmentação, no qual seu desenho e suas cores não conseguem se fixar na pele — o que mais tarde poderá ser ressignificado numa nova construção — a impossibilidade de se manter representado na mente e no corpo dos objetos parentais.

Nesse ponto há uma inflexão no curso da análise, que se abre para um novo sintoma. O paciente repete sua intenção de neutralizar o desconhecido no humano, mas adota uma nova estratégia. Ele passou a cultuar a deusa Saúde por meio de atuações autoconservativas, que apaziguavam seu medo de adoecer, subproduto de identificação inconsciente aos pais. Daqui estamos a um passo do *doping* com sucos, fórmulas e medicações, rumo à transformação progressiva em máquina. "Adeus, condição humana decepcionante!". Ser uma máquina — e também ser cuidado por uma casa-maquinal-dos-Jetsons — lhe pouparia de se ver desamparado e dependente de figurais parentais insuficientes. É nessa altura em que surgem com mais propriedade as histórias sobre o pai e a mãe, e as dificuldades que marcaram a trajetória desta família. Depressão, alcoolismo, negligência, desorganização financeira, AVC, intolerância, brigas, invasões, rigidez etc. Nessas memórias reconstruímos a ideia de uma infância-*cyberpunk*, em parte realidade histórica e em parte realidade psíquica. Tratava-se não de um futuro distópico, mas principalmente de um passado distópico, no qual uma criança provavelmente não encontrasse condições de ter sua existência e necessidades gravadas na mente de seus cuidadores. Além disso, ao mesmo tempo que Neo buscava se afastar ao máximo de tais referências, suas identificações inconscientes com tais figuras adoentadas lhe pressionavam a ser mais e mais maquinal, produtivo e organicamente saudável.

Pois bem, a síntese realizada até aqui aponta essencialmente para os fatores internos, antes que as forças culturais e econômicas do *big data* e do capitalismo de vigilância pudessem ser detectadas no fio da transferência. Em seguida, quando sujeito e cultura se entrelaçam nessa análise, podemos observar quais são os pontos de contato entre a produção de subjetividades de nossa época e o sujeito em análise. Decepcionado com o ser humano e já a caminho da mutação cibernética defensiva, sua vida inconsciente se apropria do modelo de vazamento de dados — a extração e o armazenamento dos mesmos nas atuais nuvens digitais. A transferência desliza então do maquinal para o digital, quando o sujeito se torna um emaranhado de dados e, o analista, uma nuvem que poderia contê-lo por completo.

Seguindo o pensamento do filósofo Byung-Chul Han, pudemos refletir sobre como a fantasia inconsciente de transformação do sujeito num conjunto de dados exige transparência. Um sujeito transparente é aquele cuja alma foi carbonizada pela luz, ou seja, cuja linguagem não contém mais sombras ou ambiguidades. Ele agora pode ser gravado, pigmentado e conhecido, mas, por outro lado, sua espontaneidade, sua capacidade para o novo e sua sensibilidade musical foram neutralizadas. Sua autopreservação está garantida, mas ele se tornou previsível e monótono — exatamente aquilo que interessa às *big techs*. Seus símbolos e narrativas degeneram em meros dados, informações objetivas, claras e unívocas. Sua alma perde em opacidade e enigma, ou seja, não se encontram mais elementos que provoquem hesitação, dúvida ou a imaginação.

Assim, nota-se em toda essa sequência a marca da ambiguidade. Se por um lado o sujeito-transparente nega a identificação com os objetos edípicos e o desamparo humano fundamental, por outro, é justamente tal configuração T-CT que permite surgir o símbolo do "cuidado científico". É aqui que descobriremos novas aberturas para análise, na medida em que tal tipo de atenção parece atender às necessidades de maternagem do paciente. Assegurado na autoconservação e percebido em sua singularidade humana, ele passa a poder sentir fome de outras coisas. Sobreviver como máquina ou sobreviver como conjunto de dados numa nuvem não é mais suficiente para atender suas necessidades simbólicas básicas. Abrem-se então novos destinos para a pulsão sexual a para o estar-no-mundo do paciente.

Como mencionado, por detrás dessa transferência-*big-data* — na qual o sujeito pode ser olhado como um todo, e singularmente — talvez seja possível reconstruir uma fantasia inconsciente de prazer junto ao corpo e ao olhar materno, ideia conhecida e consolidada no campo psicanalítico. Mas será que esse tipo de estrutura está presente apenas na análise de Neo? Em um trabalho recente do cartunista brasileiro André Dahmer, há a ilustração de um homem já pronto para dormir, de pijamas e coberto em sua cama. Ele se dirige a sua assistente virtual, que se encontra zelosa em cima do criado-mudo: "Alexa, cante com a voz da minha mãe". Diante da possibilidade real de sermos em boa medida armazenados nas nuvens — simbolizados em nosso presente e antecipados em nossos futuros pela tecnologia de máquina — que outros tipos de resposta o sujeito no mundo de hoje pode criar?

Conclusão

Chegamos ao final tendo percorrido um longo trajeto. Penso que isto não poderia ter sido diferente por alguns motivos. Em primeiro lugar, o refinamento na conquista do Tempo alcançada por nossa espécie é um acontecimento ímpar, cujo impacto estamos apenas começando a nomear e a tatear por meio de diversos campos de conhecimento. Penso que a Psicanálise é um desses campos, e sou da opinião de que isto interessa diretamente a nós, psicanalistas, porque o complexo e orquestrado processo que envolve transparência e predição afeta a todos nós, transformando nossos modos de ser e de sofrer, dentro e fora do divã.

Sendo assim, somos confrontados com as ações de empresas como a *Target* e a *Cambridge Analytica*, que conseguem prever e modelar o sujeito de hoje, seja no âmbito do consumo ou da política. Esses fatos tão chocantes tendem a paralisar nosso pensamento, pois propõem formas de poder inéditas em nossa cultura. Por isso mesmo devemos dobrar a aposta no espírito crítico, buscando observar e traduzir os novos fenômenos para dentro da metapsicologia — e permitindo também que a metapsicologia possa ser traduzida por tais mutações em nosso tecido social. Seguir por esse caminho nos levou a pensar no descompasso temporal entre os diferentes aspectos da anatomia psíquica inconsciente. Depois, foi possível aventar a hipótese de que os dados podem ser entendidos como a materialização de elementos não psíquicos ou psíquicos-inconscientes — por exemplo, elementos-beta ou representações recalcadas — um presente do sujeito ainda não disponível para a instância Cs-Pcp. Em seguida, foi proposta uma aproximação entre a inteligência de máquina que processa tais dados e a sofisticada operação da função-alfa e da construção em análise. Vimos que a previsão do futuro pode ser entendida como a antecipação de tais ações simbolizantes da máquina sobre o sujeito. Trata-se de um cenário que faz lembrar momentos nos quais a inteligência artificial supera o ser humano em alguma tarefa de alta complexidade. Por exemplo, quando Garry Kasparov foi derrotado pelo Deep Blue, enxadrista virtual da IBM.

Na sequência, pudemos observar que os métodos adotados por tais empresas não podem ser entendidos como casos isolados. Pelo contrário, a obra de Zuboff nos abre os olhos para uma nova fase econômica por ela denominada "capitalismo de vigilância". Nessa nova fábrica não somos mais apenas trabalhadores ou consumidores, mas, sobretudo, os fornecedores de matéria-prima — a reificação de nossos elementos conscientes e inconscientes na forma de dados digitais. Nesse ponto, reafirmamos as relações recíprocas entre Psicanálise e Economia, revisitamos o discurso do capitalista de Lacan, e só então foi possível formular o novo discurso do capitalismo de vigilância. Estamos submetidos aos imperativos de transparência e de predição. Temos aqui forças econômicas e culturais intensas, que provavelmente inclinam a balança dos processos inconscientes em direções bem específicas: a fixidez da ligação libidinal; a melancolia e não o luto; o privilégio do especular sobre a abertura à alteridade; a compulsão à repetição; o cacoete narcísico por estabilidade, a previsibilidade do instinto, e não o errático da pulsão etc. Assim, tal conjunto de favorecimentos ressoa em harmonia com os objetivos das *big techs*: tornar toda a nossa vida pesquisável para que se possa compreender quem somos e o que queremos. Em outras palavras, mais uma vez: simbolizar-o-presente-prevendo-o-futuro.

Por fim, acompanhamos o caso de Neo, em que pudemos observar as respostas singulares que este sujeito encontrou para lidar com tais linhas de força de nosso caldo cultural. O desejo de se emancipar da condição humana passou pela vida maquinal, e depois deslizou transferencialmente para dentro do modelo digital. Literalmente, encontramos o projeto que o *Google* reserva para nós como desejo enunciado pelo sujeito em análise: "quero me tornar um emaranhado de dados e me transportar para a nuvem-analista". Se de um lado esse projeto apresentava um aspecto defensivo — a negação da natureza humana errática e errante — por outro, foi dentro da relação do sujeito-dados com o analista-nuvem que Neo pode se sentir cientificamente observado. Foi apenas assim que a função materna pôde ser relançada, abrindo novos espaços para certas necessidades de ordem não autoconservativa que vinham sendo abafadas.

Pois bem, espero ter exposto algumas intersecções entre sujeito, subjetividade e cultura. Entre Psicanálise, *big data* e o capitalismo de vigilância. Se o caminho não tivesse sido tão sinuoso, talvez não me fosse possível lhes mostrar tais paisagens e suas diversas camadas. Sinto que a investigação está apenas no começo, e sobram muitos outros ângulos de partida. Por exemplo: o aprofundamento metapsicológico a respeito do duplo processo de materialização--do-inconsciente/simbolização-pela-máquina; uma pesquisa sobre a psicologia do hábito — não o inconsciente tão profundo, mas aquele localizado topograficamente mais à superfície; uma leitura psicanalítica para a modelagem de comportamentos advinda da ciência comportamental; a reflexão sobre a relação entre o imperativo de transparência e outras transformações em nossa sociedade. Por exemplo, toda a atmosfera "*Show de Truman*" e "*Big Brother*" de nossos tempos — revelada pela tendência à exposição da intimidade, pelo culto à autoexpressão contínua, pela espetacularização da vida cotidiana ordinária, pela ascensão do par *exibicionismo/voyeurismo* e pela decadência do segredo; Uma investigação mais a fundo do impacto de tais fenômenos no campo do Ideal do Eu e da política, entendida como espaço de diversidade entre-os-homens. Aqui também se inclui o risco do modelo de manipulação realizada pela *Cambridge Analytica* em todas as eleições que se anunciam etc.

Enfim, os novos fatos oferecem desafios ao pensamento que soam como urgentes e necessários. A Psicanálise não é a única a deter ferramentas para empreender uma parte desta reflexão, mas seguramente podemos esperar que tais mudanças nos solicitem dentro e fora de nossas clínicas. Esta é a minha previsão do futuro.

Referências

Cadwalladr, Carole & Graham-Harrison, Emma. (2018). Revealed: 50 million Facebook profiles harvested for Cambridge Analytica in major data breach. The Guardian. Disponível em: https://www.theguardian.com/news/2018/mar/17/cambridge-analytica-facebook-influence-us-election. Acesso em: 27 set. 2021.

Dicionário Enciclopédico de Psicanálise da IPA. Disponível em https://online.flippingbook.com/view/3456/156/. Acesso em: 27 set. 2021.

Duhigg, C. (2012) How companies learn your secrets. *New York Times*. Disponível em: https://www.nytimes.com/2012/02/19/magazine/shopping-habits.html. Acesso em: 27 set. 2021.

Fink, B. (1997). A dialética do desejo. In: B. Fink, *Introdução Clínica à Psicanálise Lacaniana* (V. Ribeiro, Trad., p. 62-84). Rio de Janeiro: Zahar, 2018.

Freud, S. (2010). Acerca de uma visão de mundo. In: S. Freud, *Obras Completas* (P. C. de Souza, Trad., vol. 18, p. 321-354). São Paulo: Companhia das Letras. (Trabalho original publicado em 1933).

Freud, S. (2010). O mal-estar na civilização. In: S. Freud, *Obras Completas* (P. C. de Souza, Trad., vol. 18, p. 13-122). São Paulo: Companhia das Letras. (Trabalho original publicado em 1930).

Freud, S. (2010). Luto e Melancolia. In: S. Freud, *Obras Completas* (P. C. de Souza, Trad., vol. 12, p. 170-194). São Paulo: Companhia das Letras. (Trabalho original publicado em 1915).

Freud, S. (2010). Além do princípio do prazer. In: S. Freud, *Obras Completas* (P. C. de Souza, Trad., vol. 14, p. 161-239). São Paulo: Companhia das Letras. (Trabalho original publicado em 1920).

Freud, S. (2018). Construções em análise. In: S. Freud, *Obras Completas* (P. C. de Souza, Trad., vol. 19, p. 330-332). São Paulo: Companhia das Letras. (Trabalho original publicado em 1937).

Han, B-C. (2010). *Sociedade do cansaço*, p. 69-70. Petrópolis/RJ: Vozes, 2017.

Han, B-C. (2012). *Sociedade da transparência*, p. 35-36. Petrópolis/RJ: Vozes, 2017.

Lacan, J. (1998). Função e campo da fala e da linguagem em psicanálise. In J. Lacan, *Escritos* (p. 238-324). Rio de Janeiro: Jorge Zahar Editor.

Lacan, J. (1972). Discours de Jacques Lacan à la Univerité de Milan le 12 mai 1972. In: *Lacan in Italia* (1953-1978). Milão: Salamandra, p. 32-55.

Laplanche, J.; Pontalis, J. B. *Vocabulário da Psicanálise* (p. 44-45). São Paulo: Martins Fontes, 1996.

Silva Junior, N. da. (2015). Segredo e performatividade: Uma reflexão psicanalítica sobre o enfraquecimento das narrativas identitárias. *Ide* (São Paulo), São Paulo, v. 38, n.60, p.83-98, dez. 2015. Disponível em http://pepsic.bvsalud.org/scielo.php?script=sci_arttext&pid=S0101-31062015000200007&lng=pt&nrm=iso. Acesso em: 20 out. 2021.

The Great Hack. (2019). Direção: Amer, K. Nojaim, J. Produção: The Othrs. Estados Unidos: Netflix.

Wylie, C. (2019). *Mindf*ck*. New York: Random House.

Zuboff, S. (2019). *A Era do Capitalismo de Vigilância. A luta por um futuro humano na nova fronteira do poder*, p. 14. Primeira edição. Rio de Janeiro: Editora Intrínseca Ltda.

5. Hiperconectividade e exaustão[1]

> O contemporâneo é aquele que percebe o escuro do seu tempo como algo que lhe concerne e não cessa de interpelá-lo, algo que, mais do que toda a luz, dirige-se direta e singularmente a ele.
> Contemporâneo é aquele que recebe em pleno rosto o facho de trevas que provém do seu tempo.
>
> (Agamben, 2006)

Introdução

A necessidade e o prazer de se conectar a si mesmo ou a outrem é um fato imemorial de nossa espécie. No entanto, a invenção da internet — a "rede-entre", ou a "entre-rede" — parece demarcar um capítulo recente e ace- lerado na história da conectividade humana. O embrião da internet foi uma rede de computadores chamada *ARPAnet*, financiada pelo Departamento de Defesa dos Estados Unidos ao final da década de 1960. Seu objetivo era transmitir dados

---
1 Publicado no Jornal de Psicanálise em 55(102), 127-147. 2022.

militares sigilosos no contexto da guerra fria e interligar centros de pesquisa espalhados pelo território do país. O nascimento dela se tornou oficial em 29 de outubro de 1969, quando dois pesquisadores de universidades distintas trocaram uma primeira mensagem que atravessou mais de quinhentos quilômetros de distância.

De lá para cá, uma revolução digital aconteceu em pouco mais de cinquenta anos. Em 1977 a *Apple* lançou o *Apple ii*, seu primeiro computador pessoal de maior disseminação, seguida pela ibm com seu pc em 1981. Em 1985 surge o Windows, abrindo as portas para mensageiros e programas de chat como o *mirc* (1995) e o *icq* (1996). Neste mesmo ano nasce o Hotmail, primeiro serviço de e-mail gratuito e acessível a todos com acesso à rede. Em 1998 foi fundado o *Google*, e um ano depois conversávamos pelo msn Messenger. Em 2002 conhecemos o *Linkedin*, e em 2003 o *Skype*. Em 2004 Zuckerberg lançou o seu livro das faces (*Facebook*), alguns meses antes do lançamento do *Orkut*. 2005 e 2006 foram os anos de surgimento do *YouTube* (você-tevê) e do *Twitter*, respectivamente. Em 2007 Steve Jobs nos apresentou seu iPhone (eu-telefone), sendo seguido de perto pelo lançamento do sistema operacional Android, em 2008. Neste mesmo ano conhecemos o *Spotify*, ao mesmo tempo que o Wi-Fi chegava ao Brasil dez anos depois de sua invenção. Desde 2009 vivemos as profundas mudanças que acompanham o *WhatsApp*. 2010 e 2011 nos trouxeram *Instagram* e *Zoom*, e desde 2016 deslizamos os dedos pelo *TikTok*. Em paralelo a tudo isto, a rede por meio da qual nos conectamos saltou do virtual para o mundo físico, por meio de dispositivos, sensores, aparatos vestíveis etc. Aqui devemos atentar ao visionário artigo de Mark Weiser, "O computador para o século XXI" (1991). Nele, o cientista propõe o conceito de "computação ubíqua":

As tecnologias mais profundas são aquelas que desaparecem. Elas se entrelaçam no tecido da vida cotidiana até que sejam indistinguíveis desta. ...

Máquinas que se encaixam no ambiente humano em vez de forçar humanos a entrar no ambiente delas farão do uso do computador algo tão revigorante quanto um passeio no bosque (Weiser, 1991).

Justamente, hoje testemunhamos a rede desaparecer pouco a pouco. Ela está se transformando no próprio ambiente onde vivemos, infiltrado agora pela "internet das coisas". Vivemos acompanhados de nossos telefones, relógios, carros, geladeiras, aspiradores, camas, escovas de dente — todos eles *smart* e interligados entre si. Assim, frente a tal retrospectiva em velocidade avançada, podemos nos perguntar: quais os efeitos da hiperconectividade sobre nós?

Para contornar a cilada do maniqueísmo e da melancolia, devemos primeiro reconhecer alguns benefícios oriundos da hiperconexão. Para além dos inúmeros confortos e facilidades do dia a dia, é fato que a vida *online* oferece voz e visibilidade para muitos que nunca a tiveram, e não digo isso apenas do ponto de vista da liberdade de expressão. Por exemplo: por meio da internet muitos grupos e sujeitos conseguem divulgar habilidades, produtos e serviços — e assim retomar sua devida participação política, social e econômica. Além disso, o ambiente digital frequentemente se torna palco da luta pelos direitos humanos e pela democracia. Entre 2010 e 2012 assistimos aos acontecimentos da chamada Primavera Árabe, uma onda de protestos e revoltas contra regimes autoritários em diversos países do norte da África e do Oriente Médio. Ali pudemos observar o protagonismo das mídias sociais ao favorecer a descentralização e a sincronicidade das ações, assim como ao proteger o direito à liberdade de imprensa. Dentre as consequências do episódio, acompanhamos a queda de três déspotas que há décadas assolavam Tunísia, Egito e Líbia. Em seguida, houve a contrarresposta de muitos daqueles Estados no sentido de aprender sobre o uso das mesmas mídias para retomar e endurecer o controle sobre a população. Além disso, outros dois exemplos marcantes do papel central das novas tecnologias na defesa dos direitos humanos podem ser constatados nos movimentos #MeToo e #BlackLivesMatter. O compartilhamento de tais hashtags por meio do *Twitter*, *Facebook* e outros tem sido fundamental para que a violência contra a mulher e o racismo possam sair do estado de silenciamento em vários âmbitos — denúncias que paulatinamente vão produzindo seus devidos efeitos dentro do contrato social.

Por outro lado, o advento da internet e da hiperconexão parece ocorrer em concomitância a importantes transformações intrapsíquicas e intersubjetivas. Cito algumas sem a pretensão de esgotar a lista. A inflação narcísica e a hiperprodutividade desenfreada do eu — fenômenos ligados ao cansaço e à exaustão (Han, 2010/2017). *Pari passu*, a rarefação do outro e da experiência de alteridade. A ascensão do par exibicionismo/*voyeurismo*, assim como a espetacularização da vida cotidiana banal. O enfraquecimento do juízo a respeito da realidade — o que pode ser constatado na proliferação de *deepfakes* e *fake news*. O crescimento qualitativo/quantitativo da polarização e dos discursos de ódio. O hiperestímulo digital que pressiona por engajamento, e que parece desmontar a capacidade de atenção profunda e de contemplação etc. Pois bem, cada um desses pontos merece investigação cuidadosa, e a psicanálise certamente não seria o único campo a poder contribuir nessa longa tarefa de reflexão.

No entanto, penso que um determinado aspecto de nossa vida contemporânea solicita a nós, psicanalistas, em especial. Ao longo dos últimos anos, algo parece ter se modificado na estrutura profunda que dá suporte à hiperconectividade. Até certo ponto nessa história recente, éramos nós aqueles a buscar por pessoas, serviços e informações dentro da rede. No entanto, tal fluxo unidirecional de dados se tornou uma via de mão dupla, e agora a própria rede também nos toma como objeto de indexação e pesquisa. Isso se dá por meio dos dados que vazamos a partir de nossas múltiplas conexões, a todo instante. Os *sites* que visitamos, produtos que compramos, aplicativos que instalamos, mensagens, fotos, curtidas etc. Vivemos numa sociedade da informação onde a maioria de nossas ações no mundo virtual, ou no mundo físico infiltrado pela computação ubíqua, são traduzidas em dados digitais. Dessa forma, podemos afirmar que *tais dados a nosso respeito alimentam uma sofisticada indústria de vigilância, que evoluiu a ponto de ter acesso a nossa vida mental inconsciente*. Hoje, viver em hiperconexão significa viver numa casa transparente.

Ainda atordoados pelo fenômeno sem precedentes e de difícil apreensão, estamos começando a fazer as perguntas que favorecem o pensamento crítico. Como se dá esse intrincado processo de apreensão de nossa vida inconsciente por meio do *big data* e da inteligência de máquina? Qual o sentido metapsicológico de tal ação e como ela interroga a prática psicanalítica? Qual o tipo de poder que advém de tal assimetria de conhecimento? Como isso pressiona a produção de novos tipos de subjetividades? Quais as respostas singulares que cada sujeito sob transferência oferece a essa nova injunção econômica e cultural? Estas são algumas das novas esfinges que nos lançam suas trevas, e que aguardam respostas específicas de nosso campo teórico-clínico.

iPsychoanalyst

Michal Kosinski é um cientista de dados que coordena um grupo de pesquisa em Stanford a respeito do comportamento humano. Em 2013 ele e sua equipe publicaram um artigo chamado "Traços e atributos [de personalidade] são previsíveis a partir de registros digitais do comportamento humano". O estudo foi conduzido a partir da análise de *likes* de usuários do *Facebook*, pegadas digitais que deixamos para trás enquanto participamos da mídia social. Tratava-se de 58 mil indivíduos que contribuíram, em média, com 68 *likes*, ou seja, quase quatro milhões de *likes* que foram utilizados para alimentar e treinar um algoritmo de predição. Este, por sua vez, buscava adivinhar características dos participantes como: idade, gênero, etnia, religião, traços de personalidade, inteligência, orientação política, orientação sexual etc. O resultado foi surpreendente, pois revelou que as curtidas contêm o potencial de revelar aspectos íntimos e muitas vezes confidenciais a respeito de nossas personalidades. A partir de tal conjunto de dados digitais, o algoritmo conseguiu prever: se um usuário era branco ou negro com acurácia de 95%; o gênero, 93%; a orientação sexual, 88%; se votava em democratas ou republicanos, 85%; se fumava, 73%; e se bebia álcool, 70% etc. O estudo também foi revelador no sentido de que as predições não se baseavam em informações explícitas, mas sim em padrões de curtidas que são pouco intuitivas a "olho nu". Por exemplo, os *likes* mais preditivos para o atributo "alta inteligência" foram: *thunderstorm, science, The Colbert Report* (programa de comédia norte-americano, uma sátira sobre especialistas em política falando na televisão) e *curly fries* (um tipo de batata frita). Do outro lado, os *likes* mais preditivos para "baixa inteligência" foram: *Sephora* (rede de cosméticos francesa) e *Harley-Davidson* (fabricante de motos). Certamente há de se questionar quais foram os instrumentos usados para aferir e quantificar características como "inteligência", e qual o construto de "orientação sexual" privilegiado no desenho do estudo. Mesmo assim, trata-se de resultados impactantes devido a sua altíssima precisão preditiva a partir de poucos dados digitais públicos e de fácil acesso a todos.

Cinco anos depois, Kosinski e sua equipe publicaram o próximo artigo que alargava a mesma linha de investigação: "Redes neurais profundas são mais precisas do que humanos em descobrir a orientação sexual a partir de imagens faciais" (2018). Aqui os cientistas avançaram um pouco mais ao treinar o algoritmo não com *likes*, mas sim com 35 mil fotos dos participantes em questão. Os resultados não deixaram a desejar: a máquina alcançou a incrível acurácia de 91% para descobrir a orientação sexual declarada pelo sujeito apenas por meio de algumas fotos. Tal poder de predição é impressionante e muito pouco intuitivo. Penso que tendemos a aceitar melhor que nossa intimidade possa ser adivinhada por meio de *likes* do que por meio de nossa mera imagem facial. Em sua reflexão sobre os resultados, a equipe de pesquisa discute o fato de que tais predições podem se estender não apenas aos aspectos já conscientes e privados (em nossa linguagem, reprimidos) de um dado sujeito, mas também a atributos inconscientes e desconhecidos de sua personalidade (inconsciente recalcado, ou então biológico).

Em um trabalho recente (Souza Leite, 2021a), busquei detalhar mais dois exemplos do processo de incursão e saqueamento de nosso inconsciente por meio do digital. No primeiro, uma matéria investigativa do *The New York Times* expunha como uma rede de varejo — a partir da coleta e compra de enormes conjuntos de dados sobre seus clientes — conseguiu desenvolver um algoritmo com a capacidade de *saber que uma mulher estava grávida antes do que ela mesma*. Tal predição era alcançada por meio de variações quase invisíveis em seus padrões de compra. Por exemplo: a inundação de hormônios gravídicos torna o olfato mais sensível, o que faz com que boa parte das gestantes — sem o saber — deixe de comprar produtos perfumados e passe a preferir cremes e loções sem odor. Antes mesmo que a gravidez pudesse vir a se tornar um objeto psíquico, o *big data* já havia registrado essa sutil mudança na sensopercepção das futuras mães.

No segundo exemplo, acompanhamos as ações da famigerada empresa de consultoria política chamada *Cambridge Analytica*, que oferecia a seus clientes "comunicação estratégica para o processo eleitoral". No entanto, denúncias de ex-funcionários revelaram a real natureza de seu negócio: coletar e comprar dados a respeito de populações específicas com o intuito de invadir e se apropriar de aspectos conscientes e inconscientes de suas personalidades. Tais informações eram então usadas para influenciar eleições em diversos países na direção contratada por atores políticos ocultos. No trabalho citado, acompanhamos a atuação da Cambridge Analytica nas eleições de Trinidad e Tobago de 2010. Ali, a empresa britânica descobriu que os jovens trinitários se dividiam em dois grupos — um mais ligado às tradições de suas famílias (ou seja, tendiam a votar em quem lhes era indicado pelos pais), e outro mais independente de seus antepassados. Mais uma vez: surpreende o fato de que a empresa *sabia das inclinações morais dos jovens antes mesmo do que eles*, usando tal predição para corromper o sagrado rito eleitoral de uma nação.

Pois bem, nesse momento temos na mesa quatro exemplos contundentes da capacidade do meio digital de se apropriar de elementos de nossa vida mental inconsciente. A predição por meio de *likes*; a predição por meio de meras fotos; o algoritmo da rede de varejo que prediz clientes gestantes; e a *Cambridge Analytica*, que previu ligações mais ou menos intensas dos jovens caribenhos com sua tradição. Assim, já é hora de nos perguntarmos: qual o sentido metapsicológico de tal apropriação de nossa intimidade por terceiros?

Para esboçar uma resposta, proponho que o trabalho conjunto entre *big data* e inteligência de máquina se aproxima do amplo conceito psicanalítico de *simbolização*, a partir da qual são construídas as representações conscientes e inconscientes (*Vorstellung*). Nesse ponto usarei como referência o que foi descrito por Freud nos trabalhos *A interpretação dos sonhos* (1900/2019), *O recalque* (1915/2010b) e *O inconsciente* (1915/2010a). Nestes, a pulsão irá se inscrever e se representar no aparelho mental por meio de representantes-representações, trilhando o caminho entre representação de coisa (Ics) e representação de palavra (Pcs e Cs). Ali podemos acompanhar a complexa travessia entre o somático e o psíquico, ao longo do qual trabalhamos para dar forma e linguagem a elementos de origem orgânico-sensorial. Assim, no mundo de hoje — infiltrado pela computação ubíqua e pela lógica da produção/vazamento de informações — observamos que cada elemento presente nesse caminho pode ser materializado na forma de dados digitais. Alterações hormonais-sensoperceptivas se traduzem em mudança no hábito de compras. Representações inconscientes de coisa se transformam em pequenos atos sintomáticos e atuações cotidianas, que serão eventualmente registrados no digital. Representações de palavra ganham corpo de diversas formas, como curtidas na rede social. Esta é a matéria-prima que produzimos todos os dias: a materialização de nossa vida inconsciente que será usada para alimentar uma nova indústria.

Assim, uma vez alcançada a transposição de elementos inconscientes para dados digitais, a inteligência de máquina irá agora transformar o barulho de tal massa de dados em uma melodia de predição. Nesse ponto evocarei outros dois conceitos psicanalíticos a partir dos quais poderemos traçar alguns paralelos entre a função da máquina e funções da mente humana. Em primeiro lugar, estou me referindo ao conceito de *construção*, no qual o analista é regressivamente solicitado pelo inconsciente de seu analisando, e trabalha para pôr a descoberto representações recalcadas. Depois, penso no conceito de *função-alfa* como proposto por Bion em *O aprender com a experiência* (1962/1966). Neste, observamos uma fina investigação de como os elementos sensoriais encontram veredas rumo à sua psiquicização, dentro da metáfora em que o aparelho psíquico irá digerir os elementos-beta e transformá-los em elementos-alfa.

Voltando aos exemplos, veremos agora como estes iluminam tais teorias psicanalíticas e vice-versa. Comecemos pelo caso das mulheres gestantes, onde a simbolização parte do ponto mais distante: o orgânico. Nesse caso, a inundação hormonal já havia provocado importantes alterações fisiológicas — incluindo o aguçamento do olfato — enquanto ainda não se inscrevera no registro psíquico. Assim, tal transformação no aparelho sensoperceptivo pode ser entendida como acúmulo crescente de elementos-beta, conforme sua definição pelo *Dicionário enciclopédico inter-regional de psicanálise da ipa*:

> *Como os elementos beta são estímulos sensoriais antes de adquirirem qualquer significado, eles são diferentes do conceito de "representações" de Freud. Enquanto o último pode ser consciente ou inconsciente, os elementos beta são, por definição, além — ou melhor, anteriores — à consciência, eles não são psíquicos, mas "existem" ou estão registrados apenas em um contexto somático ou em nível neurobiológico (os órgãos sensoriais e o cérebro são partes do último).*

> *... É importante notar que os elementos beta são necessariamente inconscientes, porque eles ainda não são psíquicos, mas não porque sofreram recalcamento ou outra alteração defensiva exigida pelo conflito com o superego, ou a ansiedade produzida pelos significados prazeroso ou assustador de seu conteúdo. Uma vez que os elementos beta são transformados em elementos alfa — ou seja, eles podem se tornar psíquicos — eles podem atingir a saturação de significado, adquirir status sim-*

> bólico, estar ligados a outros elementos mentais para formar fragmentos de narrativas, cadeias associativas, etc. É então que adquirem status

> como representações e podem ser usados para formar pensamentos e ideias que podem ser trazidas à consciência ou recalcados no inconsciente por causa da ansiedade que despertam (ipa, s.d., p. 156).

Dessa forma, o aumento de níveis hormonais se traduz em níveis crescentes de elementos-beta. Estes por sua vez se reificam na forma de variação de dados a respeito do hábito de consumo. A gestante, *sem perceber*, troca seus produtos perfumados por produtos sem cheiro. Em seguida, a inteligência de máquina recebe tais dados e os digere dentro de um significado específico: "esta mulher está grávida". *Assim, uma vez que a ciência de dados/computação transforma elementos sensoriais em elementos pensáveis, podemos aproximar e comparar tais ações com a função-alfa*. No entanto, as novas representações agora esculpidas não serão devolvidas àquelas clientes — como ocorreria na clínica analítica — mas serão usadas segundo o interesse de outrem. Nesse ponto, a mesma sequência metapsicológica pode ser usada para pensar a predição da orientação sexual por meio de fotos. Aqui é provável que ainda estejamos próximos ao orgânico-sensorial, pois é a própria morfologia do rosto humano que será convertida em dados digitais, os quais irão abastecer as redes neurais profundas em sua tarefa eletrônica de previsão.

Por outro lado, nos demais exemplos observamos um procedimento similar, mas com diferenças em relação ao tipo de elemento psíquico que os dados reificam. Por exemplo, no estudo sobre a predição com base nos *likes*, os dados digitais se assemelham à materialização de conteúdo já integrado ao psíquico e recalcado. Por isso mesmo, nesse caso a ação orquestrada entre *big data* e processamento computacional não se aproxima mais da função-alfa que digere elementos-beta, mas sim do conceito analítico de construção, conforme descrito por Freud em *Construções em análise* (1937/2018a):

> *Ele tem que adivinhar, ou melhor, construir o que foi esquecido, com base nos indícios deixados. ... Seu trabalho de construção — ou, se preferirem, de reconstrução — mostra uma ampla coincidência com o do arqueólogo, que faz a escavação de uma localidade destruída e enterrada ou de uma edificação antiga. ... [mas] é diferente com o objeto psíquico, cuja pré-história o analista procura levantar. ... Tudo de essencial está preservado, até mesmo o que parece inteiramente esquecido se acha presente em algum lugar e de algum modo, apenas soterrado, tornado indisponível para a pessoa (Freud, 1937/2018a, pp. 330-332).*

A mesma metáfora da máquina arqueóloga também parece esclarecer o exemplo da *Cambridge Analytica* com os jovens caribenhos. Estes foram adivinhados e separados em dois grupos — um mais e o outro menos inclinado a votar segundo a voz de seus pais. Nesse caso podemos supor que os dados vazados a respeito dos jovens permitiram a reconstrução de algum aspecto dos sujeitos ligado ao ideal do eu — herdeiro do complexo edípico e representante da cultura e da moral no mundo intrapsíquico. Ou seja, a máquina distinguiu aqueles com maior ou menor investimento libidinal inconsciente em torno das imagos parentais e seus valores.

Tomemos agora um instante para olhar o conjunto de nossa investigação até aqui. A hiperconectividade nos oferece dados sobre tudo, mas também nos invade e nos pressiona a produzir dados a respeito de tudo o que somos. A exorbitante massa de informações é sem precedente na história humana, e alimenta algoritmos de alto poder computacional. Estes por sua vez encontram música na cacofonia — predições acuradas a respeito de nossa vida consciente e inconsciente. O trabalho de simbolização cibernética da vida inconsciente é alheio ao nosso entendimento, e se aproxima dos conceitos psicanalíticos de construção e função-alfa. A captura digital de nossa vida anímica abrange diversos componentes da anatomia psíquica inconsciente — desde o orgânico (variações hormonais, morfologia da face), passando pelo isso, pelo eu, até o ideal do eu/supereu (ligação mais ou menos intensa a imagos parentais e às tradições culturais e familiares). Como se isso não bastasse, outros autores ainda sugerem que também a experiência afetiva-emocional pode ser antevista por meio de processos aná- logos (Kakarla & Reddy, 2014).

Perplexos, aguardamos para descobrir até que ponto nossa vida inconsciente pode ser materializada na forma de dados digitais, e ter sua simbolização antecipada pela máquina em relação à nossa consciência. Por exemplo, para além da orientação sexual em nível psicológico, poderia a sexualidade infantil também ser reconstruída pelo aprendizado de máquina em nível metapsicológico? O algoritmo conseguiria adivinhar qual é o "brilho no nariz" do objeto que me provoca fascínio e excitação (Freud, 1927/2018b)? Seja como for, pouco a pouco vamos tomando conhecimento a respeito de nosso estado de nudez psíquica, e da assimetria de poder epistemológico com a qual convivemos diariamente.

Metapsicopoder

Penso que os fenômenos contemporâneos que tento descrever e interpretar nos interessam enquanto psicanalistas e enquanto cidadãos. Por um lado, a situação de transparência e vulnerabilidade na qual nos encontramos só pode ocorrer em paralelo à produção de novas subjetividades. Por conta desse fenômeno, a clínica analítica começa a testemunhar respostas singulares que cada sujeito oferece a tais mudanças culturais. Por outro ângulo, a incursão sobre nosso inconsciente por meio da hiperconectividade revela que existe uma nova forma de poder político e econômico. Esse fato recruta a psicanálise em sua vocação para refletir sobre como grupos, empresas e Estados inventam meios de manipular aspectos inconscientes da mente humana em torno de seus próprios interesses. A nomeação de tais operações e o deslindamento de seus sentidos faz parte da tradição psicanalítica, e é fundamental para recuperar nossa capacidade de lucidez e reflexão. Sim, há outros campos que também podem fazê-lo a partir de suas ferramentas específicas, mas penso que não temos direito ao silêncio sobre as questões mais profundas a respeito do poder em nossa época. Vejamos então como isso ocorre em detalhe.

Ao final do ano de 2020, um grupo de jornalistas britânicos teve acesso a arquivos secretos da campanha digital de Donald Trump em 2016 — a qual contou com ajuda de funcionários da Cambridge Analytica e do próprio *Facebook* (Rabkin et al., 2020). O arquivo ventilado pelos jornalistas mostrou que a campanha republicana tinha acesso a um número colossal de dados a respeito de 200 milhões de americanos. Ali, a invasão aos aspectos conscientes e inconscientes dos eleitores revelou quais deles eram os menos inclinados a votar em Trump, e todos estes foram agrupados em um arquivo chamado *Deterrence* (dissuasão, impedimento, intimidação). Em seguida, o comitê digital do partido começou a dividir o grupo *Deterrence* em subgrupos menores, de acordo com suas diferentes vulnerabilidades a serem exploradas com o objetivo de que não comparecessem à votação. Esse tipo de uso do conhecimento sobre nossa vida mental Cs/Ics foi resumido por Chris Wylie, ex-funcionário e delator da Cambridge Analytica[17]: "Nós exploramos o *Facebook* para colher dados dos perfis de milhões de pessoas ..., e construir modelos para explorar o que sabíamos sobre elas e mirar nos seus demônios internos" (Wylie, 2019).

Pois bem, um dos subgrupos *Deterrence* era uma população de 3,5 milhões de afro-americanos. O comitê digital de Trump reconstruiu que um dos "demônios internos" de boa parte de tal grupo era sua inclinação a ver a candidata rival, Hillary, como uma figura racista. Assim, marqueteiros da campanha republicana editaram um antigo vídeo de 1996 no qual Hillary chamava um pequeno grupo de jovens afro-americanos envolvidos com cartéis de drogas de "superpredadores", pois, segundo ela, apenas lhes interessava a busca de mais clientes para seus produtos. O novo vídeo editado ganhou um claro tom sensacionalista e racista, fabricado na medida para provocar reações de ódio no subgrupo *Deterrence* contra a democrata. O objetivo de tal ação era justamente que aqueles que fossem votar em Hillary decidissem se abster do voto. Nesse ponto, chamo a atenção do leitor para o fato de que o exemplo dos "superpredadores" é apenas um dos casos em que vulnerabilidades da vida mental Cs/Ics são exploradas com precisão cirúrgica. Provavelmente uma série de outros subgrupos também tiveram seus "demônios internos" reconstruídos e atingidos por outros tipos de vídeos e mensagens.

O efeito da campanha republicana antivoto foi impressionante. Em média houve uma queda de 7% no número de votos dos eleitores afro-americanos, e uma queda ainda maior nos estados cruciais de Michigan, Wisconsin e Ohio. Tratava-se da primeira queda de votos de tal população em vinte anos. Até o final daquelas eleições Hillary continuaria lutando, sem sucesso, para aumentar seus votos entre jovens, latinos e afrodescendentes. Trump venceu em estados tradicionalmente azuis, e foi eleito presidente em 2016. Eis aqui um nítido exemplo da nova modificação de comportamento em massa permitida pela simbolização de aspectos inconscientes de nossa vida mental.

Para pensar as novas estratégias de poder e seu sentido metapsicológico, devemos desviar por um instante nosso foco de partidos ou nações. O poder de simbolizar e explorar nossos fantasmas inconscientes é apenas contratado por eles, e está presente tanto na campanha republicana quanto na democrata. O uso mais ou menos ético que cada grupo faz desse poder encobre um ponto mais grave: por que ele deveria existir em primeiro lugar? Por que toleramos a violação de direitos humanos contida na comercialização de nosso inconsciente? Sim, seguramente o que já se estudou até aqui sobre regimes autoritários, fascistas e totalitários permanece intacto. No entanto, isso parece não ser mais suficiente na compreensão de novas formas de manipulação mediadas pelo digital. Precisamos agora dirigir nosso olhar para outros atores — os donos do aparato de computação ubíqua que detêm posse sobre nossos dados digitais. Estou aqui me referindo àqueles que fabricam e vendem as previsões a respeito de nosso organismo, de nossos afetos e de nossas representações recalcadas.

No livro *A era do capitalismo de vigilância* (2019/2021), a filósofa Shoshana Zuboff nomeia tais personagens: *Google*, *Facebook*, *Amazon*, *Microsoft* e *Apple*. Trata-se de empresas com poder computacional muito maior do que aquele nos estudos citados até aqui. Por exemplo, em 2018 o *Facebook* divulgou detalhes a respeito de sua inteligência de máquina mais recente, afirmando que seu algoritmo "ingere trilhões de pontos de dados todos os dias" e que "desde sua instalação, mais de um milhão de modelos já foram treinados, e o nosso serviço de predição cresceu para alcançar mais de *seis milhões de predições por segundo*" (Dunn, 2018). O grifo é de minha parte. Mais do que impérios, tais conglomerados inventaram novas formas de economia e poder ao antecipar a simbolização de nossa vida inconsciente milhões de vezes a cada segundo, e hoje inspiram outras empresas a tomar o mesmo caminho. Para pensar sobre essa estrutura inédita, Zuboff cunha o seguinte vocábulo como esboço cartográfico de uma *terra incognita*:

Ca-pi-ta-lis-mo de vi-gi-lân-cia, subst.

Uma nova ordem econômica que reivindica experiências humanas como matéria-prima gratuita para práticas comerciais ocultas de extração, predição e vendas; 2. Uma lógica econômica parasítica na qual a produção de bens e serviços é subordinada a uma nova arquitetura global de modificação de comportamento; 3. Uma funesta mutação do capitalismo, marcada por conentrações de riqueza, conhecimento e poder sem precedentes na história da humanidade; 4. A estrutura que serve de base para a economia de vigilância;

5. Uma ameaça significativa para a natureza humana no século XXI, assim como o capitalismo industrial foi para a natureza nos séculos XIX e XX; 6. A origem de um novo poder instrumentário que afirma seu domínio sobre a sociedade e propõe desafios surpreendentes para a democracia de mercado;

7. Um movimento que pretende impor uma nova ordem coletiva baseada na certeza absoluta; 8. Uma expropriação de direitos humanos fundamentais que é melhor compreendida como um golpe: a derrocada da soberania do Povo (Zuboff, 2019/2021, p. 14).

No item 6 de sua definição, ela nomeia o poder que permite a existência da nova ordem econômica como "poder instrumentário".

Este é o novo produto fabricado e vendido pelo capitalismo de vigilância. Seus clientes são empresas, partidos e nações interessados na modificação em massa do comportamento humano, seja no âmbito do consumo ou do voto. Quero agora me deter sobre alguns pontos a seu respeito, e usarei a matriz conceitual da filósofa para lhe acrescentar algumas outras ideias.

Em primeiro lugar, para compreendermos tal dinâmica devemos revisitar Freud em *Psicologia das massas e análise do eu* (1920/2011). O processo de identificação amorosa com os líderes, a equiparação deles ao eu ideal, a introjeção de seus valores e o rebaixamento do pensamento crítico continuam a ocorrer tal qual. No entanto, aqui não se trata de líderes religiosos, políticos ou militares, mas sim de um seleto grupo de gênios da tecnologia e suas marcas — bilionários que avançam na conquista das conexões globais e também no espaço sideral. Apesar de sua proposta de hiperexposição, curiosamente muitos têm aversão ao holofote, e evitam sistematicamente fotos e entrevistas. No entanto, por vezes a névoa que os encobre se espairece, e conseguimos vislumbrar o interior de seus sistemas ideológicos. Tomo como exemplo Larry Page, um dos fundadores do *Google*, que certa vez deixou escapar numa declaração os imperativos que guiam sua acumulação de capital e poder:

O que é o Google?

Se tivéssemos que nos encaixar numa categoria, seria informação pessoal.

... Sensores são muito baratos. ... Armazenagem é barato. Câmeras são baratas. Pessoas irão gerar uma quantidade

enorme de dados ... Tudo o que você algum dia ouviu, viu, ou vivenciou se tornará pesquisável. A sua vida inteira será pesquisável (Edwards, 2021).

E qual o sentido maior dessa injunção por transparência? Por que toda a nossa vida deve se tornar indexada e pesquisável? O mesmo Page poderá nos responder, em mais um de seus raros e precisos esclarecimentos: "Nossa ambição maior é transformar a experiência *Google* como um todo, tornando-a maravilhosamente simples, quase automágica, porque nós compreendemos o que você quer e podemos entregá-lo instantaneamente" (Alphabet Inc., 2011).

Nesse ponto encontramos algumas respostas sobre possíveis significados da hiperconectividade contemporânea. Ela é um dos pilares desse novo sistema de poder. Sem a mobilização do narcisismo e do par exibicionismo/*voyeurismo* não haveria vazamento de dados suficiente para a fina simbolização de nossa vida inconsciente. Assim, a libidinização e a identificação com esse tipo de figura e seus valores nos levam a uma sociedade de culto à autoexpressão, em que tudo se torna publicável, postável e visível. Se vivemos num mundo onde toda nossa vida é pesquisável, e nossos desejos, compreendidos, vivemos então num novo tipo de panóptico. Hoje o panóptico de Page vai tomando o lugar do panóptico de Bentham. Neste, os prisioneiros são mantidos isolados dos demais e observados em seu comportamento externo. Naquele, cada sujeito constrói ativamente sua própria parte do panóptico por meio da hiperconectividade. Sua autoiluminação contínua permite acesso ao organismo e aos diversos componentes de sua anatomia psíquica. Principalmente: no panóptico de Bentham impera a restrição da liberdade. No de hoje, sua arquitetura só é possível pela preservação e exploração do sentimento de liberdade na vida digital (Han, 2019/2021). Cada compra, postagem e curtida devem ser experimentadas como uma escolha livre do sujeito. Este parece ser um ponto crucial do poder instrumentário, pois se a liberdade não se vê cerceada, o pensamento crítico não tem contra o que se opor.

Em seguida, um outro ponto que chama a atenção a respeito do instrumentarismo é sua indiferença radical em relação a quem somos, no que acreditamos e pelo que lutamos. Em métodos autoritários conhecidos, o Estado busca a posse e a reforma da alma de seus indivíduos, ou seja, nenhum sentido pode existir por fora do grupo que ocupa o poder. Por outro lado, nessa nova forma de domínio nossa *alma* parece ser irrelevante, pois o que interessa é tão somente a digitalização de nossos dados, e então a modificação em massa de nosso *comportamento* nos âmbitos do mercado ou da política. Um memorando vazado do *Facebook* em 2016 ilustra com primor tal indiferença. Nele encontramos as palavras de Andrew Bosworth, atual vice-presidente da rede social, sobre qual o princípio norteador da empresa:

> *Nós conectamos pessoas. O que pode ser bom se elas fizerem disso algo positivo. Talvez alguém encontre o amor. Talvez chegue até a salvar a vida de alguém à beira do suicídio. Então conectamos mais pessoas. O que pode ser ruim se elas fizerem disso algo negativo. Talvez custe uma vida ao expor alguém a pessoas agressivas. Talvez alguém morra em um ataque terrorista coordenado com as nossas ferramentas. E ainda assim, nós conectamos pessoas (Mac, Warzel & Kantrowitz, 2018).*

Como se vê, o sistema é pautado pelo cinismo. Tanto faz se salvamos ou executamos uma vida humana. O que importa mesmo é que haja conexão entre pessoas para que os dados continuem a fluir pelos largos canos do panóptico. Aqui o *Big Brother* de Orwell — tão interessado na posse e controle da alma — dá lugar ao *Big Data* de Zuckerberg, indiferente aos nossos motivos e significados. O que lhe interessa é somente o poder de simbolizar o inconsciente, e a sutil modelagem comportamental tornada possível a partir disso. De resto, cada um que pense ou faça o que quiser, incluindo o terrorismo. Portanto, trata-se de um poder que não se compromete em erigir certos ideais do eu em torno dos direitos humanos. Consequentemente, podemos supor que o recalcamento e a sublimação vão se tornando dispensáveis em alguma medida, liberando a pulsão de morte e sua erotização destrutiva.

Por fim, o ciclo de poder se completa na forma de manipulação invisível do comportamento de um sujeito ou de um grupo. Como vimos, isso se dá por meio do despertar calculado de nossos demônios internos. Para que esta última etapa possa acontecer, torna-se necessário um enfraquecimento da realidade — na qual nossos fantasmas inconscientes serão experimentados não como dados de realidade interna, mas sim, externa. Nesse ponto o novo poder instrumentário conta com a ajuda de mudanças na produção e na legitimação da verdade em nossos tempos. Acompanhamos tais mutações no trabalho do colega Nelson da Silva Junior, *A política da verdade e suas transformações no neoliberalismo: o sujeito suposto saber nos tempos do algoritmo* (2019). Nele, o autor afirma que a hiperconectividade gera uma "democracia da verdade", ao mesmo tempo que transforma o papel do cientista ou do intelectual como legitimadores dela:

> *Eles ainda têm a tarefa essencial de produção de tecnologias eficazes e complexas. Em outras palavras, eles ainda são responsáveis pela produção de verdades. É o seu papel enquanto difusores e legitimadores da verdade que mudou. Primeiro, eles perderam o privilégio de dar a*

última palavra sobre os assuntos de seu domínio. Pois não só a internet tornou-se uma fonte quase infinita de conhecimento instantâneo, mas também o ambiente digital oferece uma miríade de diferentes pontos de vista opostos ao seu. Isso provoca o que talvez seja a mudança mais importante no regime da verdade de nossa sociedade: com tanta informação, com tanto material contraditório, agora cabe ao consumidor decidir o que pode ou não ser considerado verdade. O atual agente legitimador na nova economia da verdade de nossa sociedade, é, de fato, o próprio homem comum (Silva Junior, 2019).

Justamente, capturado pelo *big data*, atingido em seus fantasmas inconscientes, e tendo seu juízo de realidade minuciosamente ludibriado, o homem comum ainda poderia recorrer aos tradicionais legitimadores de verdade para calibrar suas faculdades críticas. No entanto, a sociedade da informação de hoje o elegeu para ocupar essa delicada posição de última instância que detém a "última palavra". Assim, ele cede à exploração de suas vulnerabilidades ao mesmo tempo que frui do sentimento de autonomia e liberdade. É de se perguntar: em quais momentos não somos esse "homem comum"?

Conclusão

Em uma charge recente, o cartunista André Dahmer dá corpo a uma parte do que visitamos até aqui. Nela, encontramos dois personagens: o primeiro de pé, segurando e apontando um celular para o segundo. Este, exausto, sentado em posição fetal. Um diz ao outro: "levante-se, você precisa gerar conteúdo".

Estamos exaustos de participar ativamente da construção desse novo panóptico. Estamos exaustos de produzir dados para a simbolização desavisada de nossa vida inconsciente. Estamos exaustos da exploração de nosso sentimento de liberdade e de nossos demônios recalcados. Estamos exaustos do esforço de preservar a lucidez em meio a novas estratégias de alienação do sujeito a partir da hiperconectividade. No entanto, partindo de um ponto de vista psicanalítico, isso não é tudo. Para evitar qualquer tipo de moralismo, seria ainda necessário examinar como cada sujeito em sua singularidade lida com tais transformações de nosso tecido cultural. Em que medida nos identificamos, nos defendemos, gozamos etc., com os novos ideais que pressionam e seduzem? Infelizmente, não terei espaço para entrar em detalhes a respeito de como essas mesmas questões são relançadas a partir da clínica psicanalítica, mas posso indicar ao leitor dois trabalhos em que tive a oportunidade de fazê-lo (Souza Leite, 2021a, 2021b). Sobretudo, acho muito proveitoso quando posso escutar a respeito da clínica de colegas que parecem tocar no mesmo tema. O desafio é grande, pois estamos todos mergulhados nas mesmas trevas que pretendemos distinguir nas análises que conduzimos. Ou seja, os pontos cegos de ambos os lados tendem a se unir contra o processo analítico. Talvez o tempo e as parcerias de pesquisa poderão nos oferecer mais exemplos e respostas.

As questões tratadas neste breve artigo têm sido ampliadas e aprofundadas num grupo de estudos chamado *O mal-estar na civilização digital*. Ali, em meio ao diálogo entre colegas, vez ou outra desponta em nós um sentimento de indignação. Algo como uma área do corpo que estava dormente, acorda formigando, e passa a sentir dor novamente. Assim, constatamos que de alguma forma a hiperconectividade havia nos levado a um estado de hipoconectividade e anestesiamento. Penso que momentos como este são o motivo maior de nossos esforços. É somente a partir desse despertar que nossa escuta analítica e nosso senso cívico podem recuperar algo de sua vitalidade. Até onde poderemos fazê-lo?

Referências

Agamben, G. (2006). O que é o contemporâneo? In: *O que é o contemporâneo? e outros ensaios*; [tradutor Vinícius Nicastro Honesko]. Chapecó: Argos.

Ballard, J. G. (1964). The Gioconda of the Twilight Noon. In. *The Complete Short Stories*. vol. 2. New York: Harper Perennial, 2006.

Bion, W. R. (1966). *O Aprender com a Experiência* (Salomão, J., Corrêa, P.D., Trad.). Rio de Janeiro: Zahar Editores.

Clinton, H. *1996*: Hillary Clinton on "superpredators" (C-SPAN). YouTube, 28 de janeiro de 1996. Disponível em: https://www.youtube.com/watch?v=j0uCrA7ePno.

Dicionário Enciclopédico de Psicanálise da IPA. Disponível em: https://online.flippingbook.com/view/3456/156/. Acesso em: 3 jan. 2022.

Dunn, J. (2016). Introducing FBLearner Flow: Facebook's AI Backbone. Facebook Code, 16 de abril de 2018. Disponível em: https://engineering.fb.com/2016/05/09/core-data/introducing-fblearner-flow-facebook-s-ai-backbone.

Edwards, D. (2012). *Estou com Sorte*. (Paschoal, M., Trad.) São Paulo, Novas Ideias.

Freud, S. (2010). A Repressão. In: S. Freud, *Obras Completas* (P. C. de Souza, Trad., vol. 12, p. 82-98). São Paulo: Companhia das Letras. (Trabalho original publicado em 1915).

Freud, S. (2010). O Inconsciente. In: S. Freud, *Obras Completas* (P. C. de Souza, Trad., vol. 12, p. 99-150). São Paulo: Companhia das Letras. (Trabalho original publicado em 1915).

Freud, S. (2011). Psicologia das Massas e Análise do Eu. In: S. Freud, *Obras Completas* (P. C. de Souza, Trad., vol. 15, p. 13-113). São Paulo: Companhia das Letras. (Trabalho original publicado em 1920).

Freud, S. (2018). O Fetichismo. In: S. Freud, *Obras Completas* (P. C. de Souza, Trad., vol. 17, p. 302-310). São Paulo: Companhia das Letras. (Trabalho original publicado em 1927).

Freud, S. (2018). Construções em análise. In: S. Freud, *Obras Completas* (P. C. de Souza, Trad., vol. 19, p. 330-332). São Paulo: Companhia das Letras. (Trabalho original publicado em 1937).

Freud, S. (2019). A Interpretação dos Sonhos. In: S. Freud, *Obras Completas* (P. C. de Souza, Trad., vol. 4). São Paulo: Companhia das Letras. (Trabalho original publicado em 1900).

Google Management Discusses Q3 (2011). Results – Earnings Call Transcript About Alphabet Inc. (GOOG). *Seeking Alpha*, 14 out. 2011. Disponível em: https://seekingalpha.com/article/299518-google-management-discusses-q3-2011--results-earnings-call-transcript.

Han, B-C. (2019). No Panóptico Digital. In: *Capitalismo de Impulso de Morte*, p. 51-60. Petrópolis/RJ: Vozes, 2021.

Han, B-C. (2010). *Sociedade do cansaço*. Petrópolis/RJ: Vozes, 2017.

Kakarla, M., G. R. M. Reddy. (2014). *A real time facial emotion recognition using depth sensor and interfacing with Second Life based Virtual 3D avatar*. International Conference on Recent Advances and Innovations in Engineering (ICRAIE-2014), 2014, p. 1-7, doi: 10.1109/ICRAIE.2014.6909153.

Kosinski, M., Stillwell, D., Graepel, T. (2013). Private trais and atributes are predictable from digital records of human behavior. *Proceedings* of the National Academy of Sciences Apr 2013, 110 (15) 5802-5805; DOI: 10.1073/pnas.1218772110.

Mac, R., Warzel, C., Kantrowitz, A. (2016). *Growth at Any Cost*: Top Facebook Executive Defended Data Collection in 2016 Memo – and Warned That Facebook Could Get People Killed. *Buzzfeed*, 29 mar. 2018.

Rabkin, J., Basnett, G., Howker, E., Eastham, J., Pett, H. (2016). Trump campaign strategy to deter millions of Black Americans from voting in 2016. *Channel 4 News, 2020*. Disponível em: https://www.channel4.com/news/revealed-trump-campaign-strategy-to-deter-millions-of-black-americans-from-voting-in-2016. Acesso em: 3 jan. 2022.

Silva Junior, N. (2019). *The Politics of Truth and its Transformations in Neoliberalism*: the Subject Supposed to Know in Algorithmic Times. FV [Internet]. 2019 Dec.31; 40(3). Disponível em: https://ojs.zrc-sazu.si/filozofski-vestnik/article/view/8125. Acessado em: 3 jan. 2022.

Souza Leite, P. C. B. (2021). *A conquista do tempo*. Psicanálise, big data e o capitalismo de vigilância. Trabalho apresentado em Reunião Científica na Sociedade Brasileira de Psicanálise de São Paulo.

Souza Leite, P. C. B. (2021). *Um mal-estar na civilização digital*. Trabalho apresentado em Reunião Científica na Sociedade Brasileira de Psicanálise de São Paulo.

Wang, Y. & Kosinski, M. (2018). Deep neural networks are more accurate than humans at detecting sexual orientation from facial images. *Journal of Personality and Social Psychology*. 114. 246-257. 10.1037/pspa0000098.

Weiser, M. (1991). The computer for the 21st century, *Scientific American*.

Wylie, C. (2019). *Mindf*ck*. New York: Random House.

Zuboff, S. (2021). *A Era do Capitalismo de Vigilância*. A luta por um futuro humano na nova fronteira do poder, p. 14. Primeira edição. Rio de Janeiro: Editora Intrínseca Ltda.

Sobre o autor

Psicanalista, psiquiatra e *millennial*.

Membro efetivo e docente pela Sociedade Brasileira de Psicanálise de São Paulo.

Membro-coordenador e docente no Núcleo de Psicanálise do Instituto de Psiquiatria do Hospital das Clínicas da FMUSP.

Autor do livro *Uma flor nasceu na rua! A Psicanálise que continua a brotar por aí*.